Leben im Kontext e.V.
Der Beratungsführer

W0074514

Zu den Autoren:

Dr. Dietmar *Seehuber*, Jahrgang 1957, Ausbildung zum Arzt für Kinder- und Jugendpsychiatrie, Psychiatrie und Psychotherapie. Seit 1999 Chefarzt der Abteilung Sozialpsychiatrie und Suchtmedizin der Klinik Hohe Mark in Oberursel

Friedhelm *Grund*, Jahrgang 1958, theologische Ausbildung am Theologischen Seminar Tabor in Marburg, Seelsorgeweiterbildung an einer Hochschule in Chicago (Th.M.), 15 Jahre Gemeindearbeit in Frankfurt a. Main und Hamburg. Seit 1998 Leitung der Seelsorgeabteilung in der Klinik Hohe Mark in Oberursel

Gottlob *Heß*, evang.-luth Pfarrer, seit 1989 mitverantwortlich im Ökumenischen Lebenszentrum Ottmaring bei Augsburg, mit seiner Frau zusammen Mitarbeit bei Family Life Mission Deutschland

Dr. Ulrich *Giesekus*, Klinischer Diplom-Psychologe und Referent für Psychologie und Seelsorge, wohnhaft in Freudenstadt im Schwarzwald

Rolf *Gersdorf*, Diplom-Sozialarbeiter und Familientherapeut, Supervisor DGSv, seit 1990 Leiter der Beratungsstelle für Ehe-, Familien- und Lebensberatung, Leben im Kontext e.V. in Dortmund

Annette *Gnatzy*, Diplom-Psychologin, Therapeutische Seelsorgerin (BTS), seit 1998 freie Mitarbeit im Haus Maranatha in Königswinter-Oberpleis

Zum Herausgeber:

»Leben im Kontext e.V.« ist Träger einer Beratungsstelle für Familien-, Ehe- und Lebensberatung in Dortmund. Die Arbeit entstand vor zehn Jahren im Rahmen einer Lebensgemeinschaft von Christen aus unterschiedlichen christlichen Kirchen und Freikirchen.

Die Adresse:
Leben im Kontext e.V. (Mitglied im Diakonischen Werk) Beratungsstelle für Ehe-, Familien- und Lebensberatung, Praxis für Supervision, Elisabethstr. 16; 44139 Dortmund
Tel. 0231 – 52 29 52 Fax 0231 – 52 29 53
e-mail: Kontext.e.V.@t-online.de
homepage: http://home.t-online.de/home/Kontext.e.V.

Leben im Kontext e.V.

Der Beratungsführer

Seelsorge und Therapie
in christlichen Einrichtungen

R. BROCKHAUS VERLAG WUPPERTAL

© 2000 R. Brockhaus Verlag Wuppertal
Umschlag: Dietmar Reichert, Dormagen
Gesamtherstellung: Breklumer Druckerei Manfred Siegel KG
ISBN 3-417-24341-6
Bestell-Nr. 224 341

INHALT

VORWORT

Ein Vorwort gleicht in gewissem Sinn einem Verkehrszeichen. Es ist aufgestellt, um auf etwas aufmerksam zu machen, was kommt und beachtet werden soll. Es bildet das, was Aufmerksamkeit verdient, durch ein unmittelbar verständliches Zeichen, also in äußerster Kürze ab. Das soll auch in diesem Vorwort geschehen.

Es ist ihm aber etwas vorausgegangen: nicht nur die Erarbeitung dieses Beratungsführers, sondern auch das Suchen und Fragen vieler, dem christlichen Glauben verpflichteter oder ihm nahestehender Menschen. Dieses Suchen und Fragen sieht in der Regel so aus: »Können Sie mir (für mich oder einen Menschen, der mir sein Problem anvertraut hat) eine Einrichtung oder einen Therapeuten/eine Therapeutin nennen, von denen meine Gründung im christlichen Glauben akzeptiert und in das Verfahren mit eingebracht wird?« Ich habe mir deshalb im Laufe der Jahre ein Verzeichnis von Beratern, Psychologen und Beratungsstellen angelegt, mit dessen Hilfe ich diese Fragen beantworten kann. Aber es ist nicht groß und auf den unmittelbaren Einzugsbereich beschränkt.

Im vorliegenden Beratungsführer wird der Einzugsbereich auf alle Bundesländer und den kirchlichen und freikirchlichen Bereich erweitert. In ihm wird auch angezeigt, dass die genannten Einrichtungen und Kräfte zunächst einmal über die erforderliche Ausbildung und Fachkompetenz verfügen. Das ist und muss die erste Voraussetzung sein. Auf dieser Grundlage sind sie bereit, die persönliche »Konfession« der Ratsuchenden, d.h. ihre Weise, Gott zu vernehmen, eine Beziehung zu Christen zu haben und sich vom Heiligen Geist leiten zu lassen, in die Beratung und Therapie aufzunehmen.

Nicht selten hängen mit bestimmten christlichen Prägungen und Frömmigkeitsstilen auch handfeste Lebensprobleme zusammen. So können wir mit dem besonderen Profil dieses Beratungsführers suchenden wie seelisch versehrten Menschen, aber auch um solche Besorgten Namen, Anschriften und Anlaufstellen nennen, nach denen sie ausschauen und fragen.

»Siehe, Gott ist mein Heil!« (Jesaja 12,2) kann auch durch die Arbeit der hier aufgeführten christlichen Therapeuten und Therapeutinnen erfahren werden.

Dr. Manfred Seitz
Professor für Pastoraltheologie an der Universität Erlangen

Wozu ein Buch über christliche Beratungs-, Therapie- und Schulungsangebote?

Entwicklung, Hintergründe und Ziele des Beratungsführers

Rolf Gersdorf

»Aus Christus wird der ganze Leib gut zusammengefügt und verbunden durch jedes Gelenk des Dienstes, entsprechend der Wirksamkeit nach dem Maß jedes einzelnen Teils; und so wirkt er das Wachstum des Leibes zu seiner Selbstauferbauung in Liebe.« (Epheser 4,16; Elberfelder Bibel)

Im Laufe der letzten Jahre wurde Rat- und Hilfesuchenden und vielen Praktikern im Bereich christlicher Therapie, Beratung und Seelsorge immer wieder deutlich, wie dringend ein Beratungsführer christlicher Einrichtungen gebraucht wurde. Mühevoll erschlossene Adresslisten auf handgeschriebenen Zetteln wurden nicht selten in der täglichen praktischen Arbeit zum ständigen Begleiter für Pastoren, Pfarrer, Berater und Therapeuten.

Oftmals waren die Adressen außerdem veraltet; häufig musste jemand lange Wege auf sich nehmen, bis er/sie endlich den richtigen Ansprechpartner fand.

Vorbild für die Entwicklung des Beratungsführers war für uns die ACL (Arbeitsgemeinschaft Christlicher Lebenshilfe), die seit Jahrzehnten als überregionales Netzwerk besteht und beständig eine aktualisierte Liste stationärer therapeutischer Angebote veröffentlicht.

Wie aber sieht es im christlichen Bereich ambulanter Beratungen, Therapien und Schulungen, Aus- und Fortbildungen aus?

Mittlerweile gibt es im Bereich der christlichen Kirchen und Freikirchen eine stark zunehmende Zahl unterschiedlicher Angebote, was deutlich macht, dass der Bedarf an Beratung enorm hoch ist.

Tatsächlich kann man wohl sagen: Noch nie war das Bedürfnis von Menschen aus den christlichen Gemeinden, aber auch von Menschen, die der Gemeinde Jesu fernstehen, nach fundierter fachlicher Beratung und Seelsorge so stark und wurde so deutlich artikuliert, wie dies heute der Fall ist.

Auf der anderen Seite gibt es von der engagierten und wertvollen ehrenamtlichen Seelsorge bis hin zum umfangreichen professionellen Fachberatungsdienst eine fast unüberschaubare Fülle unterschiedlicher Angebote, die den »Kunden« offensichtlich überfordert.

Nicht immer ist klar, ob es sich um wirklich christlich und biblisch verankerte Angebote handelt, oder ob sich hinter einem frommen Gewand ein esoterisches oder unseriöses Geschäft verbirgt.

Sowohl geistliche als auch fachliche Klärung, Unterscheidung und Orientierungshilfe sind in diesem Bereich eine vordringliche Aufgabe der christlichen Gemeinde, für die sie Verantwortung trägt.

An dieser Stelle ist uns wichtig zu erwähnen, dass es auch Beratungs-, Therapie- und Schulungsangebote gibt, die nicht in unserem Beratungsführer aufgeführt sind und die fachlich hervorragend arbeiten und den christlichen Glauben respektieren, ohne sich selbst als christliche Angebote zu bezeichnen.

Unser Ziel ist nicht Ausgrenzung dieser wertvollen Dienste sondern Orientierungshilfe und Akzentuierung im Bezug auf spezifisch christlich-diakonische Beratung und Therapie.

Es war einmal . . .

1993 begannen wir im Rahmen unserer Fachberatungsstelle in Dortmund mit der Erstellung eines Beratungsführers christlicher Einrichtungen im stationären und ambulanten Beratungs- und Therapiebereich sowie christlicher Schulungen und Fortbildungen.

Ziel war es, Ratsuchenden und auch Praktikern in der Seelsorge und Beratung möglichst aktuelle Adressen und eine erste Orientierungshilfe zu vermitteln.

Im Zeitraum von fast sieben Jahren brachten wir bisher drei Ausgaben dieses Beratungsführers heraus. Hätten wir zu Beginn des Projektes gewusst, wie zeit- und arbeitsintensiv dies würde, hätten wir uns das Ganze sicherlich noch einmal überlegt.

Bald schon verstanden wir, warum manche von uns die Idee eines solchen Beratungsführers (BF) hatten, aber nicht umsetzten.

Schon die erste Ausgabe warf dringliche Fragen auf, so dass wir einen Fachbeirat beriefen, der dieses Projekt von Anfang an fachlich und geistlich begleitete.

Dies sind Fragen, die sich uns immer wieder stellten und stellen:
- Wer kommt in den BF hinein? Wer nicht? Wo sind Grenzen?
- Wie kommt man in den BF? Welche Voraussetzungen sind wichtig?
- Wie steht es mit der kontinuierlichen Qualitätssicherung der im BF vertretenen Angebote und mit der Frage der Standards in der Beratung?
- Zu erfüllende Kriterien, die wir aufstellen, bedeuten eine Art »Gütesiegel« – welche Verantwortung haben wir hier?
- Wie weit oder wie eng kann und darf der BF sein im Sinne der Vielfalt, die wir im Leib Christi auch in den verschiedenen Diensten vorfinden?
- Wie wird unsere Vorgehensweise von den verschiedenen Werken empfunden? Welche Spannungen löst dies möglicherweise aus? Was geschieht, wenn wir deutliche Grenzen ziehen müssen?

- Wie können die BenutzerInnen klare und fundierte Informationen zu den für sie wichtigen Fragestellungen bekommen.

Schon bald wurden Fragen und Spannungsfelder in ganz realer Weise für uns deutlich und erfahrbar:

Das eine Werk fragte nach, warum ausgerechnet ein anderes Werk auch im BF sei. Eine Institution zog ihren Aufnahmeantrag zurück, weil sie aufgrund eines anderen im BF vertretenen Werkes vermutete, es handele sich um einen »charismatischen« Beratungsführer. Wiederum einem anderen war der BF »zu wenig charismatisch«.

Die Frage nach Supervision in unserem Aufnahmefragebogen verstörte MitarbeiterInnen aus unterschiedlich lange bestehenden Diensten, da sie bisher in ihrer »Arbeit für Gott auch ohne Supervision zurechtkamen«. Und schließlich kam es schon zu Ausschlüssen beziehungsweise Nichtaufnahmen, die bei den betroffenen Einrichtungen sicherlich auch Kränkungen hinterließen.

Dennoch empfinden wir immer wieder, dass es wichtig ist, den Beratungsführer mit Entschiedenheit und Klarheit als kompetentes Dienstinstrument für den Leib Christi in Deutschland weiterzuentwickeln und auszubauen.

Wir sind sehr dankbar, dass sich dabei der Fachbeirat seit vielen Jahren mit uns in dieses schwierige Spannungsfeld stellt.

Das Wort »Entwicklung« ist uns dabei ein wichtiger Begriff geworden.

Der BF steht in einem kontinuierlichen Entwicklungsprozess, zum Beispiel dem von Beziehungen innerhalb des Fachbeirates und der vielfältigen Kontakte mit verschiedenen Christen in unserem Land. Des weiteren steht er in einem Prozess von Beziehungen unterschiedlicher christlicher Werke und Institutionen, die miteinander in Kontakt treten und sich zunehmend vernetzen (statt sich zu verstricken!). So entsteht ein Prozess beständiger kritischer Selbsthinterfragung eigener Positionen und Wahrnehmungen.

Immer wieder gilt für uns neu, klare Positionen und Haltungen einzunehmen, ohne diese festzuschreiben und dabei starr zu werden. Wir stehen somit mit dem BF in einem Lernprozess, der äußerst interessant und spannend ist, da wir es mit der Gesamtsituation von christlicher Seelsorge und Beratung in Deutschland, mit deren Geschichte und Entwicklung zu tun haben – und auch und insbesondere mit deren aktuellem geistlichem und strukturellem Zustand, der der fortwährenden Erneuerung und Veränderung bedarf. – Werner Jentsch schrieb 1990 dazu:

»Angesichts ihrer heutigen Situation tut eine Erneuerung der Seelsorge dringend not. Die Krisen und Definitionen ihres Vollzuges, die Ängste und Versuchungen ihrer Träger sind weder zu übersehen noch wegzumanipulieren. Aber es muss eine echte Erneuerung sein. Nicht alles, was ›neu‹ heisst, ist wirklich neu. Paul Tillich hat einmal mit Recht gesagt: ›Die bloße Tatsache, dass etwas später ist, macht es noch nicht göttlicher. Nirgendwo in der Bibel ist davon die Rede, dass Gott den ständigen Fort-

schritt vom Schlechten zum Besseren garantiert. Gott ist nicht ein Gott des Fortschritts, sondern ein Gott des Neuen. ‹ Das wirklich Neue ist also nicht das Spätere, das bloß Moderne, sondern das › ganz Andere ‹, das aus Gott geboren wird (1. Joh. 5,4). Erneuerung ist und bleibt Gabe und Aufgabe, Regeneration und Innovation. «
(W. Jentsch, Brennpunkt Seelsorge 2/90)

Wir leben in einer Zeit, in der es im Bereich säkularer Beratung, Therapie und Schulung normal ist, über Qualitätssicherung und Standards zu sprechen. Bewusst christozentrisch arbeitende Dienste und Werke der christlichen Gemeinde sollten sich insbesondere darum bemühen, ihr Angebot transparent und überprüfbar zu machen und ehrenamtliche wie hauptamtliche Kompetenz in der Beratung weiter zu entfalten und zu sichern.

Derzeitige Ziele und der Zweck des Beratungsführers

Es ist deutlich, dass durch Gottes Wirken in dieser Zeit noch vielfältige neue Dienste entstehen oder dass bestehende Dienste ausgeweitet werden.

Dienste, die durch ihre je eigene Art und Ausdrucksweise sowohl den Gliedern am Leib Christi als auch den Fernstehenden die heilende Liebe Gottes, seine Barmherzigkeit und seine einzigartige Hilfe zu reifendem Menschsein nahebringen. Bezogen auf die bereits bestehenden Angebote, Ansätze und Richtungen sind uns mit dem Beratungsführer die folgenden fünf Ziele besonders wichtig:

1. Die BenutzerInnen erhalten eine Kurzeinführung in verschiedene Beratungs- und Therapieansätze sowie eine Information zu den wesentlichen Standards im Bereich Beratung.
2. Die unterschiedlichen Werke und Einrichtungen im christlichen Bereich stationärer und ambulanter Beratung und Therapie, werden den Rat- und Hilfesuchenden in einer übersichtlichen Darstellung zugänglich gemacht.
3. Kirchen und Gemeindeleitungen erhalten damit ein Manual, dass es ihnen ermöglicht, geeignete weiterführende Hilfen zu vermitteln. Auf jedem Schreibtisch einer Gemeindeleitung sollte mindestens ein Exemplar des Beratungsführers liegen.
4. Interessierte finden eine Übersicht der Ausbildungs- und Schulungsmöglichkeiten im Bereich christlicher Seelsorge und Beratung.
5. Der BF soll bewusst ein Anreiz sein, das Netz christozentrischer Dienste im psycho-sozialen Bereich dichter zu spannen und somit das Umeinander-Wissen und die überregionale Zusammenarbeit zwischen den einzelnen Diensten zu vertiefen.

Christliche Beratung und Seelsorge ist ein Teil von Gottes Gesamtplan für unser Land, für die einzelnen Menschen die ihm so sehr am Herzen liegen.

In diesem Sinne wünschen wir jedem Leser und Benutzer dieses Buches, dass er sich in Gottes weiten Blickwinkel für die Menschen und unser Land, sowie in den oben beschriebenen Entwicklungsprozess mit hineinnehmen lässt.

Den im BF vertretenen Werken und Institutionen mit ihren MitarbeiterInnen, wünschen wir als Herausgeber und Fachbeirat, dass sie sich mit ihren Ansätzen, Methoden und Sichtweisen bleibend der Führung Gottes anvertrauen. Unter der Führung seines Heiligen Geistes mögen ihre Dienste zum Segen für die sich ihnen anvertrauenden Menschen sein.

Insbesondere danken wir dem R. Brockhaus Verlag dafür, dass er sich auf das Experiment eingelassen hat, den BF in eine neue Dimension und damit auf eine professionellere Ebene zu bringen.

Herzlichen Dank vor allem an unsere Mitarbeiterin Helga Kretschmer, die zusätzlich zu unserem normalen Beratungsalltag wesentlich für die Korrespondenz und die Bündelung aller mit der Erstellung des BF zusammenhängenden Informationen verantwortlich ist.

Rolf Gersdorf

Hinweise für die Benutzung des Beratungsführers

Für die inhaltliche Darstellung der einzelnen Angebote und für die jeweiligen Arbeitsweisen etc. tragen die im BF aufgeführten Werke und Einrichtungen selbst die Verantwortung. Herausgeber und Fachbeirat bemühen sich um größtmögliche Aktualität und Authentizität der zusammengefassten Informationen. Wichtig ist uns insbesondere, dass der Leser durch die unterschiedlichen *Einführungskapitel* eine rasche Grundorientierung in die Materie bekommt. Vor allem sollen sich Rat-und Hilfesuchende schnell zurechtfinden, um dass für sie wichtige Angebot zu finden. Deshalb sind die *Beratungsangebote*

- *nach Bundesländern geordnet.*
- unterteilt in ambulant (*amb*), stationär (*stat*) und Ausbildung, Schulung, Supervision (*ASS*).
- noch einmal gesondert zusammengefasst in einer Postleitzahlenübersicht

Des Weiteren ist der allgemeine Adressenteil *alphabetisch geordnet.*

Im Anhang befindet sich ein Sonderteil *Kliniken*, in dem diese gebündelt dargestellt werden. Ebenfalls im Anhang befindet sich die *aktuelle Übersicht* der stationären Einrichtungen der *ACL* (Arbeitsgemeinschaft Christlicher Lebenshilfen).

Die Rubrik *Weitere wichtige Adressen* informiert unter anderem über Kontaktadressen in Österreich und der Schweiz sowie über Angebote, die nicht primär etwas mit Beratung, Therapie und Schulung im christlichen Bereich zu tun haben, die aber in deren Umfeld wichtige Dienste leisten.

Schließlich informiert am Ende des Buches ein Kapitel über *Fachbegriffe und Abkürzungen von A-Z*, die im Beratungsführer in den Beschreibungen der einzelnen Einrichtungen und Angebote verwendet werden. Dies erschien uns unerlässlich, da die Begriffsvielfalt im Bereich von Beratung und Therapie zunehmend komplexer und auch verwirrender wird. Oftmals ist selbst Fachleuten nicht immer klar, was sich hinter einem bestimmten Kürzel oder der »exotisch« anmutenden Beschreibung einer bestimmten Therapieform verbirgt.

Kompetenz, um dies noch einmal hervorzuheben, drückt sich nicht immer und nicht in erster Linie durch die Benutzung kompetent klingender Begrifflichkeiten aus.

Nun noch zu einem *wichtigen Punkt,* auf den wir an dieser Stelle aufmerksam machen: Der Beratungsführer stellt eine *Entscheidungshilfe* dar.

Trotz aller Sorgfalt bei der Zusammenstellung der Informationen können weder Herausgeber noch Fachbeirat für die Qualität, Kompetenz, den fachlichen Sachverstand oder gar die geistliche Reife der aufgeführten Werke und Personen bürgen.

Die Qualität therapeutischer und beraterischer Arbeit hängt nicht nur von der Ausbildung oder dem Abschluss eines Anbieters ab, sondern auch von seiner/ihrer menschlich-geistlichen Reife, und die kann von keinem Beirat geprüft werden. Unsere Aufnahmekriterien müssen sich deshalb in erster Linie an Ausbildungen und Abschlüssen orientieren.

Prüfen Sie als Ratsuchende(r), ob ein bestimmter Therapeut, eine Beraterin etc. Sie menschlich anspricht.

Leider kommt es in seltenen Fällen vor, dass auch christliche TherapeutInnen/BeraterInnen gegen ethische Grundsätze verstoßen (z.B. durch unangemessene körperliche Kontakte, Abhängigkeitsbeziehungen etc.).

Falls Sie mit hier aufgeführten Personen oder Einrichtungen problematische Erfahrungen machen, melden Sie dies bitte schriftlich oder telefonisch bei der folgenden Adresse des Herausgebers. Wir werden im Rahmen unserer Möglichkeiten versuchen, diesen Hinweisen nachzugehen.

Leben im Kontext e.V.
Beratungsstelle f. Familien-,
Ehe- und Lebensberatung

Elisabethstr. 16
44139 Dortmund

Tel.: 0231 / 52 29 52
Fax: 0231 / 52 29 53
e-mail: Kontexte.e.V.@t-online.de

Wie finde ich die Hilfe, die ich brauche?

Ulrich Giesekus, Ph. D.

Im Unterschied zur medizinischen Behandlung körperlicher Beschwerden gibt es in der Psychotherapie weitaus weniger Übereinstimmung darüber, wie eine bestimmte Störung am effektivsten zu behandeln sei. Im Gegenteil: Die meisten Psychotherapeuten folgen in ihrem Behandlungsansatz einer »Schule« von der sie überzeugt sind und die – unabhängig von der Störung – bei allen Ratsuchenden und fast allen Störungen anwendbar sein soll. Daher kann man leider nur selten davon ausgehen, dass ein niedergelassener Psychotherapeut, auch wenn es wissenschaftlich indiziert wäre, die Empfehlung gibt, mit einem bestimmten Problem zu einem anderen Therapeuten einer anderen Schule zu gehen.

So bleibt es die Aufgabe der Ratsuchenden, das »Produkt Psychotherapie« als kritische Konsumenten zu wählen und sich bei dieser »Kaufentscheidung« nicht zu sehr von den Behandlungsvorschlägen der »Experten« abhängig zu machen. Das wird zusätzlich erschwert dadurch, dass gerade psychisch leidende Menschen oft verunsichert sind und es ihnen oft schwer fällt, eigene Entscheidungen zu fällen, Meinungen zu bilden, gegen andere Meinungen aufrecht zu erhalten und dann auch zu tun, was sie für richtig halten. Die Fähigkeit zur Selbstbehauptung und angemessene Durchsetzung eigener Interessen ist ja oft ein Ziel therapeutischer Arbeit. Also lautet mein Appell zuerst einmal: *Prüfen Sie kritisch, und seien Sie nicht zu expertengläubig. Lassen Sie sich die Entscheidung über eine Beratung nicht abnehmen. Sie sind verantwortlich für Ihr Leben. Es ist Ihre Zeit, Ihr Geld, Ihre Lebensqualität, die zur Debatte steht, und je mündiger Ihre Entscheidung getroffen wird, desto wahrscheinlicher werden Sie mit Erfolg und eigenem Engagement an die Arbeit gehen.*

Auf der anderen Seite wechseln Ratsuchende oft Therapeuten, brechen vorzeitig ab, oder lassen die Beratung »schludern«, indem sie Termine absagen usw. Es ist nämlich einfach eine Tatsache, dass eine gute Beratung, Psychotherapie, therapeutische Seelsorge usw. praktisch immer ein schmerzhafter Prozess ist – weil liebgewordene, aber falsche Sicherheiten in Frage gestellt werden, weil besondere Ansprüche des Leidenden plötzlich nicht mehr gelten sollen, weil Verantwortung für das eigene Leben und Leiden übernommen werden muss, kurz: weil Veränderung immer harte Arbeit bedeutet. Und so kommen viele Ratsuchende irgendwann einmal an den Punkt, wo sie die Beratung am liebsten abbrechen würden oder einen anderen »besseren« Therapeuten suchen, obwohl ihnen das schadet. Also lautet der zweite Appell: *Geben Sie nicht zu schnell auf!* Therapie ist nie einfach.

Im Folgenden möchte ich ein paar Leitlinien für die Entscheidung, welche Therapie bzw. Beratung die besten Chancen auf Erfolg bietet, geben.

Denn Ihre Aufgabe ist ja, kritisch zu prüfen. Das bedeutet: Auch wenn es noch so schwer fällt, sich einem anderen Menschen anzuvertrauen, nutzen Sie das Erstgespräch (und eventuell einige weitere anfängliche Gespräche), um zu prüfen, ob die angebotene Hilfe zu Ihnen und zu Ihrem Problem passt. Und wenn Sie den Eindruck haben, dass Sie nicht wirklich gut aufgehoben sind, suchen Sie eine/n andere/n Gesprächspartner/in. Sie sind darüber keine Rechenschaft schuldig, Sie müssen sich nicht entschuldigen, erklären oder rechtfertigen – Sie können einfach mitteilen: »Ich habe den Eindruck, dass wir nicht gut zusammenpassen, und ich mache jetzt keinen weiteren Termin aus. Vielen Dank für Ihre Bemühungen.«

Zur Sprachverwirrung in Therapie und Seelsorge

Hilfe bei Problemen wird mit unterschiedlichen Schwerpunkten und unter unterschiedlichen Bezeichnungen angeboten: Beratung, Therapie, therapeutische Seelsorge, begleitende Seelsorge. Je nach Modell ist dann der Hilfesuchende Klient, Patient oder Ratsuchender. Etwa 100 unterschiedliche therapeutische Schulen werden von Experten unterschieden, und jede nimmt für sich in Anspruch, seelische Probleme lösen zu können. Das Problem dabei ist: Jede hat eine andere Sprache und es gibt wenig Übereinstimmung über die genauen Unterschiede zwischen verschiedenen Begriffen. Außerdem ist in der Praxis das, was sich im Gespräch abspielt, sowieso nicht klar und eindeutig einzuordnen, denn Berater und Therapeuten halten sich in der Regel nicht sklavisch an das, was ihre Methoden eigentlich verlangen.

Auch die Probleme, mit denen ein Mensch Hilfe sucht, sind nicht eindeutig *einem* Bereich zuzuordnen, sondern meist vielschichtig und komplex. Also ist der Name, den ein Anbieter für sein Vorgehen nennt, wenig hilfreich zur Entscheidung, welche Art von Hilfestellung angebracht ist. Das heißt, man muss schon etwas genauer fragen: Worauf gründet sich die Beratung? Was beinhalten die Gespräche? Welche Themen sind wichtig?

Die Antworten auf diese Fragen zielen zuerst einmal auf das *Menschenbild*, welches der Hilfestellung zu Grunde liegt. Denn jede Hilfeleistung gründet sich auf eine Sicht davon, was Störungen sind und wie sie entstehen. Das jedoch gründet sich wiederum auf die Sicht davon, was der Mensch ist. Es ergeben sich im Großen und Ganzen drei mögliche Schwerpunkte: Medizin, Psychologie und geistliche Aspekte.

Zum biblischen Menschenbild

Im Menschenbild der Bibel wird der Mensch bzw. die menschliche Seele als eine untrennbare Einheit von Geist, Seele und Leib gesehen. Sehen wir uns diese drei Aspekte in Bezug auf ihre Bedeutung für die Hilfestellung einmal etwas genauer an:

Jeder Mensch ist »Geist«, d.h. Menschen haben geistliche Aspekte und Bedürfnisse, die ihre Störung beeinflussen und die zur Lösung beitragen können. Ob es Fragen der Schuld sind, die einen Menschen belasten, eines gesetzlichen Glaubensstils, ob es die Frage der Sinnfindung im Erleben des Leides ist, ob eine im Glauben gegründete Hoffnung Mut macht, Leid zu ertragen, ob die Gemeinschaft im Gebet Kräfte verleiht, ob im Vordergrund oder im Hintergrund: Irgendwie haben Störungen immer auch etwas mit der Beziehung zum Schöpfer, also mit Glauben, seinem Leben als Christ usw. zu tun. Das heißt nicht, dass die religiöse Dimension immer ausschlaggebend ist und zum Gegenstand der Therapie werden muss. Oft ändern sich geistliche Aspekte »automatisch«, wenn Änderungen im körperlichen und psychischen Bereich geschehen: So können z.B. Glaubenszweifel verschwinden, wenn eine körperliche Krankheit geheilt wird, oder ein gesetzlicher Glaube wird »von alleine« evangeliumsgemäßer, wenn ein zwanghafter Mensch in einer Psychotherapie lernt, realistischer wahrzunehmen und zu denken. So ist es zu erklären, dass manche Christen durch eine weltliche Psychotherapie auch zu einem vertieften Glaubenserleben kommen – obwohl der Glaube selber gar nicht Thema war. Andererseits kann es natürlich auch vorkommen, dass Glaubensüberzeugungen pauschal in Frage gestellt werden, weil sie fälschlicherweise in Bausch und Bogen als Teil der Störung verstanden werden. Obwohl das meiner Erfahrung nach eher selten vorkommt, gibt es sicherlich auch Psychotherapeuten, die den Glauben an Gott grundsätzlich als Störung ansehen.

Jeder Mensch ist auch »Seele« im Sinne von »Psyche«. Hier meint die Bibel oft nicht die »unsterbliche Seele« (obwohl der Begriff »Seele« an manchen Stellen offensichtlich auch als Synonym für den ganzen Menschen gemeint ist und dann den geistlichen und leiblichen Aspekt ebenfalls beinhaltet), sondern die Tatsache, dass menschliches Leben eingebunden ist in Beziehungen, in Lernprozesse, dass jeder Mensch seine eigenen prägende Geschichte hat usw. – also im großen und ganzen die Aspekte menschlichen Lebens, die von der Psychologie wissenschaftlich untersucht werden können: Denken, Gefühle, Lernprozesse, Kommunikationsverhalten, usw.

Und letztlich ist jeder Mensch »Leib«, d.h. es gibt einen biologisch-medizinischen Aspekt, der auch der Aspekt der Vergänglichkeit allen menschlichen Lebens ist. Dabei sieht die Bibel die *Sterblichkeit* als die *Grundursache* menschlichen *Leidens* – also nicht umgekehrt: Der Mensch stirbt, weil er krank war; sondern: Der Mensch wird krank, weil er auf Grund des Sündenfalles sterblich ist. Ganzheitliche Hilfe sieht also auch den Körper (und damit die Selbstverständlichkeit körperlicher Störungen als menschliche Lebenserfahrung) und lässt die biologisch-medizinische Seite nicht unberücksichtigt.

Auch wenn ein Einzelner dieser drei Schwerpunkte im Vordergrund stehen mag, wird doch deutlich, dass keiner grundsätzlich unabhängig von den anderen beiden ist. So kann es z.B. sein, dass ein alkoholkranker Mann auf Grund einer Glaubenserfahrung (geistlicher Aspekt) dazu kommt, mit dem Trinken aufzuhören (biologisch-medizinischer Aspekt); das führt dann wiederum zu klarem Denken, geordneten Gefühlen und verbesserten Beziehungen zu anderen (psychischer Aspekt). Ebenso denkbar ist, dass der gleiche Mann auf Grund eines Zerbruches seiner Ehe (psychischer Aspekt) eine Entgiftung in Angriff nimmt (biologisch-medizinischer Aspekt) und sich am Ende erst mit der Sinnfrage seines Lebens auseinander setzt und seine Beziehung zu Gott klärt (geistlicher Aspekt).

Idealerweise sollte Seelsorge ganzheitlich helfen: Alle Aspekte müssen berücksichtigt werden. Dies wäre z.B. der Fall, wenn eine ausgebildete Psychotherapeutin, die auch Glaubensfragen in ihre Gespräche einbezieht, in der Zusammenarbeit mit einer ärztlichen Praxis gegebenenfalls auch Medikamente einsetzen kann; wenn ein Arzt seine Patienten zum Gespräch an therapeutisch ausgebildete Seelsorger verweisen kann usw. Nun sind leider die Bedingungen nicht immer ideal, und es gibt das »Zweitbeste«: nämlich Helfer, die in einem oder vielleicht zwei dieser drei Bereiche kompetent und qualifiziert arbeiten. Wie bereits erwähnt, führt gute Hilfestellung in einem Bereich oft auch zu Lösungen in den anderen Bereichen.

Was die Einstellung zur Ganzheitlichkeit betrifft, schlage ich jedoch vor, sich *nicht* damit zufrieden zu geben, wenn ein *Helfer die Bedeutung eines der drei Bereiche prinzipiell ablehnt*. Das heißt, ein »Seelsorger«, der die medizinische Hilfestellung prinzipiell ablehnt (z.B. das Einnehmen von Medikamenten für einen Akt des Unglaubens hält), oder ein Psychotherapeut, der den Glauben pauschal als Schaden betrachtet, oder ein Arzt, der nur körperliche Aspekte sieht, oder ein Seelsorger, der die psychologischen Gegebenheiten ignoriert – diese alle sind unter dem Gesichtspunkt eines ganzheitlichen biblischen Menschenbildes wahrscheinlich keine guten Helfer.

Am besten ist es meiner Erfahrung nach, wenn man im Erstgespräch diese Fragen offen anspricht. Also z.B. den Psychotherapeuten fragt: »Wie sehen Sie das, dass ich gläubig bin?«, oder: »Wird Sie das stören, wenn ich mich ärztlich untersuchen lasse?«, oder den Seelsorger: »Wenn wir nun regelmäßig miteinander reden, können Sie auch auf psychologische Aspekte eingehen?«

Wie helfen Beratung, Psychotherapie und therapeutische Seelsorge?

Es gibt drei große Bereiche, die zum Erfolg einer Hilfestellung wichtig sind: 1. die Persönlichkeit und Grundhaltung des Helfers (Basisqualifikation), 2. die Fachkompetenz (spezielle therapeutische Interventionen) und 3. der gesamte Rahmen, in dem die Gespräche stattfinden (das so genannte Setting).

Zum Ersten: Persönlichkeit und Grundhaltung

Es ist schwierig, diese Qualifikation gezielt abzufragen. Sie zeigt sich mehr darin, wie ich mich als Ratsuchender fühle und wie ich die Begegnung erlebe.

Ob mit oder ohne professionelle therapeutische Ausbildung – gute HelferInnen sind einfühlsam und mitfühlend, vermitteln eine wohlwollende Atmosphäre und erscheinen »durch und durch menschlich«, also glaubwürdig und authentisch. Als Ratsuchender fühle ich mich ernst genommen und verstanden, aber nicht »betüttelt« bzw. bevormundet.

Weil ich als Ratsuchender Hilfe suche, versteht der Helfer es, die Problematik einzugrenzen – es geht nicht darum, dass ich mein ganzes Leben von Grund auf ändere, sondern gezielt zur Lösung bestimmter Problembereiche hinarbeite.

Gute Helfer verstehen es, mir ihren Ansatz und ihre Vorgehensweise zu erklären, ohne mit »Fachchinesisch« um sich zu werfen. Wenn ich als Ratsuchender das Gefühl habe, ich müsste mich jetzt einfach »blind vertrauend« dem andern ausliefern, fehlt dem Helfer die Fähigkeit, das eigene Vorgehen transparent zu machen. Die Wirkung der Beratung liegt nicht in irgendwelchen außergewöhnlichen Fähigkeiten des Beraters (»Guru-Gehabe«), sondern wird durch gemeinsame Arbeit erreicht.

Und, ganz wichtig: Gute Helfer machen sich nicht unersetzbar, sondern es ist von vornherein klar, dass die Beratung, Seelsorge oder Therapie ein Ende haben soll. Gute Helfer trennen also zwischen der Helferbeziehung und Freundschaft, sie »kumpeln« nicht mit den Ratsuchenden und respektieren auch deren Privatsphäre. Da der Umgang mit Nähe und Distanz für besonders viele psychisch leidende Menschen schwierig ist, ist das eigene Empfinden hier manchmal eine schlechte Leitlinie – wer sehr bedürftig ist, erlebt oft andere als kühl und distanziert; wer sehr ängstlich oder skeptisch ist, erlebt die notwendige Vertrautheit eines Erstgespräches möglicherweise als neugierigen Einbruch in die Intimsphäre. Da die meisten Ratsuchenden keine Vergleichsmöglichkeiten haben, die ihnen die Einschätzung angemessener Nähe erleichtern, möchte ich Ihnen einige eher grobe Leitlinien geben:

1. Therapie, Seelsorge und Beratung finden in einer vorher vereinbarten Form statt – meistens ist das die Form des Gespräches. In diesem Fall ist Körperkontakt, der über einen freundlichen Händedruck hinausgeht, unüblich. Umarmungen sind hier seltene Ausnahmen. Bei körpertherapeutisch orientierten Verfahren ist die Art und der Umfang körperlicher Kontakte von vornherein vereinbart und unterliegt keiner Geheimhaltungspflicht von Seiten der zu behandelnden Person. Selbstverständlich gehören zu seelsorgerlichen Vorgehensweisen auch Körperkontakte wie das Gebet unter Handauflegung usw. Unangenehmer oder gar unerwünschter Körperkontakt ist niemals »therapeutisch«.

2. Therapie, Beratung und therapeutische Seelsorge sind zeitlich begrenzt, d.h. ein Ende der vorgesehenen Gesprächszeit wird von vornherein festgelegt. In der Regel dauern Gespräche 45 bis 60, bei Ehepaaren, Familien oder Gruppen auch 90 bis 120 Minuten.
3. Therapie, Beratung und therapeutische Seelsorge sind einseitige Beziehungen. Die persönlichen Probleme und Lebensumstände der Therapeuten/Berater haben dort nicht ihren Ort.
4. Finanzielle Absprachen sind klar und eindeutig schriftlich geregelt. Gegenleistungen für Gespräche, die nicht finanzieller Art sind, berühren nicht das Privatleben der Therapeuten.
5. Therapeutische und beratende Gespräche finden nicht in Wohnräumen statt, sondern in neutralen Räumen. Hier gibt es Ausnahmen, allerdings nicht aus Mangel an anderen Örtlichkeiten, sondern wenn es gezielte therapeutische Interventionen durchzuführen gilt, die der Betroffene zu Hause machen muss (z.B. bei einer Verhaltenstherapie bei Zwangshandlungen).
6. Im Zweifelsfall gilt: eher weniger als zu viel Nähe suchen, denn therapeutische Beziehungen können leicht in die Abhängigkeit führen. Sie dürfen nicht zum Ersatz für normale zwischenmenschliche Beziehungen werden, sondern sollen gegebenenfalls solche Beziehungen außerhalb der Beratung/Therapie fördern.
7. Qualifizierte Therapie bzw. therapeutische Seelsorge und Beratung finden unter Supervision statt (s.auch das entsprechende Kapitel im Beratungsführer). Fragen Sie diesbezüglich bei dem Anbieter nach! Supervision ist der beste Schutz dagegen, dass ein/e Therapeut/in die eigenen persönlichen Probleme in den Prozess hineinbringt. Dass er/sie Ihren Fall mit einem professionellen Supervisor bespricht, ist kein Bruch der Schweigepflicht – denn selbstverständlich ist auch die Supervision vertraulich.

Zum Zweiten: die Fachkompetenz

Praktizierende Psychotherapeuten, die von den Kassen zugelassen sind, müssen akademische Grade vorweisen sowie eine abgeschlossene therapeutische Ausbildung (entweder als Verhaltenstherapeuten oder Tiefenpsychologen). Daneben gibt es andere abgeschlossene therapeutische Ausbildungen, Zulassungen zum Psychotherapeuten oder Heilpraktiker usw. Das Problem dabei ist: Auch wenn diese gesetzlichen Bedingungen zweifelsohne erfüllt sein müssen, zeigen die Untersuchungen zur Effektivität von Therapeuten, dass die Zertifikate über die tatsächliche Qualität nur wenig aussagen und sie mit Sicherheit nicht garantieren. Zudem ist die Vielfalt der psychotherapeutischen Ansätze so unüberschaubar, dass selbst die meisten professionellen Therapeuten den Überblick über das Feld längst verloren haben.
Neuere Forschungen zeigen, dass unterschiedliche Ansätze unter

Umständen bei der gleichen Störung in unterschiedlichen Phasen sinnvoll sein können. Die wissenschaftliche Psychotherapieforschung ist sich inzwischen insgesamt weitgehend einig, dass die Psychotherapie unterschiedliche Ansätze nebeneinander vertreten muss und nicht mehr an »Schulen« orientiert sein sollte. Der Stand der Psychotherapie im deutschsprachigen Raum ist jedoch so, dass eine »allgemeine Psychotherapie«, die sich je nach Bedarf unterschiedlicher Ansätze und Schulen bedient, leider noch eine seltene Ausnahme darstellt. Die meisten Psychotherapeuten fühlen sich einer bestimmten Schule verpflichtet, und auch die Lehrstühle für Psychotherapie (in den medizinischen Fakultäten) sind noch weitgehend von Vertretern einer bestimmten Schule besetzt, so dass die geforderte »methodenplurale« oder »allgemeine« oder »psychologische« Psychotherapie als Allgemeingut sicherlich noch eine Weile auf sich warten lassen wird.

Zu den bekanntesten seriösen Ansätzen, die in ihrer Wirkung wissenschaftlich erwiesen sind, gehören insbesondere

- die Verhaltenstherapie einschließlich der so genannten kognitiven Verhaltenstherapie, Entspannungsverfahren usw.,
- die Gesprächspsychotherapie,
- verschiedene tiefenpsychologische Ansätze (z.B. Psychoanalyse, Individualpsychologie, Logotherapie, Gestalttherapie, Transaktionsanalyse). Hier sind insbesondere die so genannten »Kurzzeittherapien« (unter 30 Sitzungen) in ihrer Wirkung nachgewiesen; langfristige Therapieansätze (mit bis zu dreistelligen Sitzungszahlen) sind nicht nachweisbar hilfreich.

Die Liste ließe sich verlängern, aber es wäre in diesem Rahmen wenig hilfreich. Denn der Weg zur kompetenten Therapie ist nicht dadurch zu erreichen, dass man zuerst einmal Experte wird und alle denkbaren Ansätze überprüft, sondern dass man sich von einem/r Therapeuten/in bzw. Berater/in erklären lässt, welche Methoden er/sie verwendet, und dann kritisch überprüft, ob man diesem Ansatz folgen kann.

Neben den seriösen Methoden gibt es unüberschaubar viele Methoden, die keinerlei Wirkungsnachweise erbracht haben. Dazu gehören alle Methoden, die »die Wahrheit« für sich in Anspruch nehmen und alle anderen Ansätze als falsch erklären. Grundsätzlich kann man sagen, dass Methoden, die stark auf eine bestimmte Persönlichkeit (in der Regel auf den Gründer der Schule) fixiert sind, oder die ungewöhnliche oder gar obskure Zusammenhänge behaupten, nicht hilfreich sind.

Zum dritten: der angemessene Rahmen

Zum Rahmen (»Setting«) der Beratung bzw. Therapie gehören alle äußeren Bedingungen der Gespräche, also Fragen wie: Wer kommt (Einzel-, Ehe-, Familien-, Gruppen-Gespräche)? Wo finden die Gespräche statt? Wie oft? Was kostet es und wer zahlt?

Die wichtigste Frage ist hier wahrscheinlich zuerst einmal: Soll ich ambulante Hilfe suchen (d.h. regelmäßige Gespräche) oder eine stationäre Behandlung, also einen Aufenthalt in einer Einrichtung?

Verständlicherweise sind die Vorbehalte gegenüber einem stationären Aufenthalt in der Regel höher, denn solch ein Aufenthalt ist mit viel mehr Aufwand verbunden. Krankschreibung, berufliche Pause, Kinderbetreuung, Haushaltshilfe usw. – all das muss arrangiert werden. Eine stationäre Therapie ist außerdem kaum so diskret durchzuführen wie ambulante Gespräche, denn nicht zuletzt kann man schlecht vor Nachbarn, Freunden und Gemeinde verbergen, dass man längere Zeit weg ist. Dies ist bei Einrichtungen, die eine intensive Kurzzeittherapie (d.h. wenige Wochen) anbieten, weniger schwierig, weil der Aufenthalt nach außen eher wie ein Urlaub wirkt.

Andererseits ermöglicht ein stationärer Aufenthalt in der Regel in kürzerer Zeit viel mehr therapeutische Erfolge. Herausgelöst aus den Alltagsbezügen ist es viel einfacher, sich mit eigenen Lebensmustern zu befassen, neue Verhaltensweisen zu probieren und zu üben, und natürlich ist ein stationärer Aufenthalt mit täglicher, intensiver Therapie verbunden.

Prinzipiell gilt für jede Psychotherapie, dass sie in dem Maß hilfreich ist, wie sie die Probleme aktualisieren kann, d.h. in das therapeutische Geschehen hereinholt. Im Grunde ist das nicht anders als beim Automechaniker – reparieren kann man nur das, was sich auch dann zeigt, wenn der Wagen in der Werkstatt ist. Auch in der Psychotherapie kann man im Prinzip nur das ändern, was als Problem in der Therapie auftaucht. Von daher sind Therapieformen, die möglichst »viel von dem Problem« mit in die Therapie hineinnehmen, effektiver als solche, bei denen hauptsächlich über außerhalb der Sitzung bestehende Probleme gesprochen wird. Der Rahmen sollte also dazu beitragen, möglichst viel zur Problemaktualisierung beizutragen.

Dagegen wünschen die meisten Ratsuchenden sich verständlicherweise in der Therapie einen möglichst problemfreien Raum – eine Insel fernab von den Problemen des Alltags und seinen komplizierten Beziehungen. Trotzdem: Gruppen-, Ehe- oder Familientherapie ist meistens effektiver als Einzelgespräche. »Die Insel der Seligen« ist erholsam, aber nicht therapeutisch wirksam. Optimal ist für viele eine Kombination: regelmäßige Gruppensitzungen, gelegentlich (anfangs häufiger) Einzelgespräche. Familien- und Eheprobleme lassen sich nur denkbar schlecht mit einer Person bearbeiten, auch wenn es oft zuerst einmal ein Person ist, die Hilfe sucht. Und auch, wenn sich diese eine Person sicher ist, dass die anderen bzw. der andere keine Hilfe in Anspruch nehmen wird, zeigt sich häufig, dass diese Einschätzung falsch ist. Es geschieht nicht selten, dass der andere Ehepartner nach einer manchmal nur kurzen Zeit der Einzeltherapie interessiert ist, am therapeutischen Prozess teilzunehmen, wenn er beim anderen positive Veränderungen bemerkt (die nicht selten zu den eigenen Lasten gehen).

Neben der Frage, *wer* zur Beratung/Therapie kommt, gibt es je nach Methode noch andere Möglichkeiten, die Probleme in der Therapie zu aktualisieren.

In der Verhaltenstherapie geschieht das z.b. durch klar abgesprochene Übungen, die als »Hausaufgaben« durchgeführt werden. Es gibt sehr vieles, was dafür spricht, so z.b. die Erfahrung, dass Störungen, bei denen Ängste oder Furchtvorstellungen im Vordergrund stehen, nicht erfolgreich behandelt werden können, indem man nur über diese Ängste und mögliche Hintergründe oder innere Konflikte spricht. Man muss sich in einem gewissen (erträglichen) Maß diesen Ängsten aussetzen; oder, anders ausgedrückt: Vermeidung dessen, was Angst macht, macht es schlimmer.

In der Gesprächstherapie werden Probleme z.b. in die Therapie geholt, indem die therapeutische Beziehung (das Gespräch zwischen Therapeut und Klient) selber als Modell für andere Beziehungen dienen kann. Daher ist ein gesprächstherapeutisches Vorgehen besonders effektiv bei Personen, die kommunikationsgestört sind, Beziehungsschwierigkeiten haben, die gehemmt oder wenig sensibel sind usw. Auch bei Ehe- und Erziehungsproblemen ist oft das Gespräch der eigentliche Mangel, so dass eine Gesprächstherapie häufig dazu führen kann, dass Paare oder Familien durch bessere Kommunikation zu besseren Beziehungen und Problemlösungen kommen.

Auch in der Tiefenpsychologie werden die zu bearbeitenden Probleme aktualisiert: So werden z.b. Kindheitserfahrungen anhand von »Übertragungen« neu bewertet, erlebt und durchgearbeitet. Dabei übernimmt der Therapeut eine Art Vertreter-Rolle an Stelle der ursprünglich beteiligten Personen (z.B. Vater, Mutter).

Zusammengefasst bedeutet das:
- Wenn die Methode der Beratung, Therapie oder therapeutischen Seelsorge plausibel erklärt werden kann;
- wenn das Setting, Kosten, Kostenübernahme durch dritte usw. transparent dargelegt wird;
- wenn der Helfer/die Helferin als Person positiv auf den/die Ratsuchende/n wirkt;
- wenn die Beratung offen ist für ein ganzheitliches Vorgehen, also geistliche, psychische und körperliche Aspekte wahrnimmt;
- wenn die Beratung, Therapie oder therapeutische Seelsorge inhaltlich begrenzt ist (d.h. man arbeitet an bestimmten Problemen und will bestimmte, festgelegte Ziele erreichen);
- wenn die therapeutische Beratung zeitlich begrenzt geplant wird (in der Regel zwischen 20 und 50 Sitzungen);
- wenn der/die Ratsuchende sich darüber im Klaren ist, dass man in der Therapie arbeiten muss und nicht »gesund gemacht wird«;

dann bestehen gute Chancen, dass eine Beratung zum gewünschten Erfolg führt.

Tipps zum konkreten Vorgehen

Wenn Sie im Beratungsführer Ansprechpartner in Ihrer Region finden, sollten Sie zum Telefon greifen und sich über Möglichkeiten für ein Erstgespräch informieren. Manche Therapeuten haben Wartelisten, andere nicht (was aber kein klares Zeichen für Qualität darstellt). Fragen Sie nach Kosten, geschriebenen Informationen und anderen Materialien, die die Beratung beschreiben und die Ihnen zur Verfügung gestellt werden können. Rufen Sie – falls Auswahl besteht – ruhig mehrere Therapeuten an und entscheiden sich dann für ein Erstgespräch.

Falls der Beratungsführer in Ihrer Region keine Ansprechpartner aufführt, rufen Sie bei den aufgeführten Institutionen (Ausbildungseinrichtungen) an. Die können oft weiterhelfen.

Und nun ist irgendwann der Termin für ein Erstgespräch. Sie sehen dem wahrscheinlich erwartungsvoll, vielleicht ängstlich, vielleicht beschämt entgegen. Das ist verständlich, aber denken Sie daran: Therapie und Beratung ist für Menschen, die Probleme haben, und niemand hat die Helfer gezwungen, diese Tätigkeit auszuüben. Also: Nur Mut, nutzen Sie das Erstgespräch auch für sich! Es dient nicht nur den Therapeuten dazu, sich über Sie zu informieren und einen Behandlungsvorschlag zu machen, sondern auch Ihnen, sich über die Therapie zu informieren. Stellen Sie Ihre Fragen! Berater bzw. Therapeuten, die Ihre Fragen als lästig empfinden, sind wahrscheinlich nicht besonders gut.

Wenn Sie sich nicht sicher sind, suchen Sie lieber noch einen zweiten oder vielleicht sogar dritten Gesprächspartner auf. Vergleichen Sie die Entscheidung zu einer Therapie mit einem Autokauf: Probefahren ist o.k.

Und dann beginnt die Therapie bzw. Beratung. Falls Sie sich nach fünf bis sieben Sitzungen nicht verstanden, abgelehnt, oder fehl am Platze fühlen, machen Sie einen neuen Anlauf woanders! Wenn Sie jedoch den Eindruck haben, in den ersten Sitzungen hilfreich vorwärts gekommen zu sein, dann halten Sie auch durch, wenn die Beratung später schwierig und anspruchsvoller wird.

Mit wenigen Ausnahmen (begleitende Seelsorge bei chronischen Störungen u.ä.) gilt: Irgendwann muss Schluss sein. Sie machen sonst Therapie zum Ersatz für das wirkliche Leben, anstatt die Therapie zu nutzen, um das wirkliche Leben besser zu bewältigen. Wenn Sie fortdauernd den Eindruck haben, Sie können ohne die Therapie nicht leben, läuft wahrscheinlich etwas falsch: Die Beziehung führt nicht in die Freiheit, sondern in eine Abhängigkeit. Vielleicht brauchen Sie dann eine/n andere/n Therapeuten/in, der/die Ihnen hilft, aus dieser Abhängigkeit herauszukommen.

Natürlich gibt es keine Garantie – aber Psychotherapie und Beratung sind weitaus besser als ihr Ruf. Das liegt daran, dass die meisten Menschen, denen dort geholfen wurde, das nicht »an die große Glocke hängen« (mit gutem Grund).

Die »Horrorgeschichten« dagegen machen gerne die Runde, und manchmal sind es auch falsche Erwartungen (z.B. die passiv »geheilt« zu werden, ohne sich ändern zu müssen), die zu Enttäuschungen führen. Eine misslungene Therapie ist oft ein Schaden (wenn z.B. wieder einmal eine Hoffnung begraben wurde oder der Misserfolg zum Alibi für ein Leben auf Kosten anderer wird), aber nicht immer ist die Therapie daran schuld.

Aber für die weitaus meisten Ratsuchenden ist eine Beratung, Therapie oder therapeutische Seelsorge ein hilfreicher und wichtiger Schritt zu einem erfüllteren und besseren Leben.

Theologischer Gesichtspunkt
zu Beratung, Seelsorge und Therapie

Pfr. Gottlob Heß

Beratung, Seelsorge und Therapie durch Christen ereignen sich gleichsam unter dem Zeichen des Kreuzes, in dem sich Vertikale und Horizontale schneiden:

- Der dreifaltige Gott neigt sich herab in Jesus dem Christus und eröffnet bzw. vertieft durch den Heiligen Geist die Beziehung zum Rat suchenden Menschen.
- Der Rat und Seelsorge suchende Mensch sieht im Lichte des gegenwärtigen Gottes sich selbst, seine mitmenschlichen Beziehungen und die Umstände neu und wagt einen Schritt nach dem anderen hinein in den weiten Raum der Anwesenheit Gottes in der Mitte von Gemeinde, Kirche und Welt und erfährt so Reich Gottes.

Bei Beratung, Seelsorge und Therapie als trinitarischem Geschehen unter dem Horizont des Reiches Gottes geht es also immer um ein Doppeltes: um die heilende Beziehung zu Gott dem Vater, zu Jesus, zum Heiligen Geist und Hand in Hand damit um Erneuerung des jeweiligen Gottesbildes und um heilende Beziehung – und das nach Seele, Leib und Geist – zur eigenen Person und zu dem Mitmenschen, Mitchristen und Hand in Hand damit um wachsende Bereitschaft, in versöhnter Verschiedenheit zu leben. So erneuert sich das jeweilige Bild vom Menschsein.

Trinitarisches Geschehen bedeutet dabei: Menschen werden mit der Liebe des einen Gottes bekannt, der in und unter drei Personen die Liebe lebt. Von ihm geliebt werden sie fähig, nicht nur ihn wieder zu lieben, sondern auch einander anzunehmen, wertzuschätzen und zu lieben in aller Unterschiedlichkeit.

Der eigentlich Handelnde in christlicher Beratung, Seelsorge und Therapie ist der dreifaltige Gott selbst

In der vertrauenden Hinwendung zu Jesus, dem Mensch gewordenen Gott, erfahren Menschen das göttliche Schöpfungs-, Erlösungs- und Umgestaltungshandeln und damit gleichzeitig das Wirken des Heiligen Geistes. So kommt der Himmel auf die Erde. Der Ratsuchende ist als Ganzer gemeint nach Leib, Seele und Geist gemäß dem Ruf Gottes an Abraham: »Wandle vor mir und sei ein Ganzer!« (1. Mose 17,1; wörtliche Übersetzung).

Am anschaulichsten tritt uns die Leib- und Seelsorge Jesu entgegen im Bild vom Hirten, wie es schon im 23. Psalm überliefert war und von Jesus selbst in Johannes 10 vor Augen gemalt wird. Wer christliche Beratung und Seelsorge übt, hat teil am Hirtenamt Jesu. Er/sie nimmt es im Auftrag wahr, im Auftrag und unter der Segnung der örtlichen Gemeinde oder der Kirche, zu der er/sie gehört. Den Hirten zeichnet aus, dass er ein Hörender und Sehender ist. Hörend unterscheidet er, was der jeweilige Laut der ihm anvertrauten Schafe ausdrücken will.

Gleichzeitig sieht Gott gut hin und nimmt wahr, wie sich die Schafe verändern, zum Besseren oder Schlechteren, und er hat ein Auge dafür, wie sie miteinander umgehen. Als guter Hirte sorgt er für »gute Nahrung«. Durch sein Sein und Tun spiegelt er wider, wie Gott ihnen begegnet: wie ein guter Vater, wie ein treuer Freund, der sie mitnimmt auf einen lohnenden Weg und Mut macht, sich zu wandeln und zu reifen. Wenn sich all das ereignet, fällt neues Licht auf das Bild von Gott und vom Menschen.

Biblisch begründete Seelsorge, Beratung und Therapie meint immer den ganzen Menschen, nicht nur die Psyche, denn das Offenbarungszeugnis der Bibel nennt Leib und Seele nicht, wie das die antike griechische Philosophie weithin tat. Das hebräische *näphisch*, das meist mit *Seele* übersetzt wird, steht für den ganzen Menschen in seiner Bedürftigkeit, mit seinem emotionalen Verlangen, ähnlich wie das hebräische *basar* den ganzen Menschen in seiner irdischen, hinfälligen Leiblichkeit bezeichnet (zu beidem vgl. Psalm 63,2). Weil Gott Mensch geworden ist, weil der Himmel auf die Erde kam, können Seelsorge und Psychotherapie nicht gegeneinander ausgepielt bzw. im Sinne von schwarz-weiß einander entgegengestellt werden. Die Trennung von beiden gehört zu den Aufspaltungen, die wir der Aufklärung und Säkularisierung zu verdanken haben, wo der Graben zwischen Diesseits und Jenseits tief aufgerissen wurde und wird.

Der Glaube an Gott den Vater und Schöpfer aller Dinge, der sich durch Jesus im Heiligen Geist offenbart, geht davon aus, dass viele gute Erkenntnisse und Methoden der schöpferischen Eingebung Gottes zu verdanken sind und darum in Dienst gestellt, »getauft« werden können. Einer der griechischen Kirchenväter, Basilius der Große (4. Jahrhundert) gebraucht das schöne Bild von den Bienen, die die besten Blumen aufsuchen, den gesammelten Nektar verarbeiten und so eigenen Honig gewinnen. Beratung, Seelsorge und Psychotherapie können also voneinander lernen. Immer wieder gilt es dabei zu fragen: Wo liegen Gemeinsamkeiten? Wo zeigen sich Unterschiede? Bei dem allen steht jedoch fest: Trotz allen Unterschiedlichkeiten geht es immer wieder um den ganzen Menschen.

Beratung, Seelsorge und Therapie gehen davon aus, dass jeder Mensch Gottes Ebenbild ist, ein Gegenüber, mit dem der drei-einige Gott in liebende Beziehung treten will, um ihn bezie-hungsmäßiger zu machen

Heilung der dreifachen Beziehung zu Gott und zu sich selbst und den Mitmenschen geschieht durch Begegnung. Wer im Sinne Jesu Beratung, Seelsorge und Therapie übt, weiß, dass er/sie selbst der Beratung, Seelsorge, oder auch Therapie bedarf. In der Gesinnung Jesu, wie sie in Philipper 2,5-11 umschrieben wird, ereignet sich aufschließende Begegnung, eröffnet sich eine intensive, emotional besetzte vertrauensvolle Beziehung. Aus ihr heraus können Umdeutungen gewagt werden, die neuen Lebenssinn ergeben, und Alternativen vorgeschlagen werden, die aus der bisherigen Enge herausführen.

Letztlich geht es um Aufrichtung aus der Verkrümmung in sich selbst (vgl. Martin Luther: *incurvatio in se ipsum* – Psalm 103,3a: »Er verzeiht aller deiner Krümme«, nach der Übersetzung von Samson Raphael Hirsch 1883) und um die Aus- bzw. Neuausrichtung auf Gott und den Nächsten. Um Verhaltensänderungen anzuregen und zu ermöglichen, ist es gut, ein Arbeitsbündnis zu schließen, in dem Hoffnung vermittelt werden kann. Kleine Erfolgserlebnisse auf seelisch-leiblicher Ebene fördern Hoffnung. Sie vermitteln die Gewissheit, dass Selbstannahme gelingen kann für jeden, der sich von dem anwesenden Gott geliebt weiß. Es wird dann möglich, sich einzulassen und loszulassen und so gemeinschaftsfähiger zu werden und in versöhnter Verschiedenheit zu leben. Sich dem anderen auszusetzen und zur Gabe für ihn zu werden, erscheint dann nicht mehr als utopisches Ziel.

Damit dieser Reifungsprozess stärker in Gang kommt (vgl. Psalm 103,2b: »Vergiss nicht alles, was er dir hat reifen lassen«; in der Übersetzung von S. R. Hirsch), ist es nötig, die Rat und Seelsorge suchenden auf die Kraft- und Bewährungsfelder hinzuweisen, die Christen angeboten sind: Haus- und Gesprächskreise, örtliche Gemeinden, in denen ein gemeinsamer Weg im Sinne des Reiches Gottes versucht wird. Die Gottesfamilie im Kleinen und Großen, ist, wenn sie nicht nur Wohlfühlort bleibt, immer auch eine Herausforderung, als Unterschiedliche Gemeinsames zu wagen und so zu Menschen heranzureifen, die brauchbar werden für den dreifaltigen Gott mitten in der Welt.

Beratung, Seelsorge und Therapie durch Christen werden im Zeichen des Kreuzes immer neu zur Veränderung der Welt beitragen.

Psychotherapie – Seelsorge – Beratung: Möglichkeiten – Grenzen – Gemeinsamkeiten

Friedhelm Grund und Dr. Dietmar Seehuber

».. . Es gibt entweder (Psycho-)Therapie oder (psychologische) Beratung oder Seelsorge . . .« Dieser Auszug aus einem Leserbrief, abgedruckt in einer evangelikalen Zeitschrift, zeigt, wie nötig eine Klärung und Abgrenzung der Begriffe Psychotherapie und Seelsorge ist. Und in der Tat gibt es vor allem bei Ratsuchenden eine zunehmende Verunsicherung, an wen man sich mit welchen Fragen und Problemen am besten wendet.

Wer ist für wen und für welches Problem zuständig? Wer behandelt, wer berät, wer begleitet seelsorgerlich? Kann ich mich als gläubiger Christ der Behandlung durch einen nicht-gläubigen Psychotherapeuten anvertrauen? Ersetzen bibilisch-therapeutische Berater oder Seelsorger eine psychotherapeutische Behandlung? Kann ein Psychotherapeut auch geistliche Fragen beantworten und seelsorgerlich begleiten? Welcher Stellenwert kommt traditioneller biblischer Seelsorge und Gemeindeseelsorge in einer Zeit zunehmender Professionalisierung heute zu? Gibt es Möglichkeiten der Zusammenarbeit von Seelsorgern und Psychotherapeuten? Wie findet man den »richtigen« Helfer?

Die folgenden Ausführungen – gemeinsam geschrieben von einem Seelsorger und einem Arzt der Klinik Hohe Mark – dienen als Standortbestimmung. Zunächst werden die Begriffe Psychotherapie, Seelsorge und Beratung von ihrer Entstehung und Entwicklung her beschrieben. Im weiteren werden Möglichkeiten des Zusammenwirkens und Perspektiven für die Zukunft aufgezeigt.

Was ist Psychotherapie?

Der Begriff *Psychotherapie* setzt sich aus den griechischen Wörtern für *Seele* und *Behandlung* zusammen. Allgemein und verkürzt lässt sich Psychotherapie als Behandlung psychischer und/oder psychosomatischer Störungen mit psychologischen Mitteln beschreiben. Interessanterweise ist schon vom griechischen Wortstamm her eine Ähnlichkeit zum Begriff Seelsorge gegeben.

Die Bezeichnung *Psychotherapeut* ist in Deutschland gesetzlich geschützt; nur Ärzte und Psychologen, die nach erfolgter Approbation eine Ausbildung in einem anerkannten Verfahren abgeschlossen haben, können auf Kosten der Krankenkassen psychotherapeutische Leistungen durchführen. Daneben besteht für andere Berufsgruppen die Möglichkeit, nach dem Heilpraktikergesetz Heilkunde auszuüben, allerdings in der Regel nicht auf Kosten der gesetzlichen Krankenkassen.

Die Praxis der Psychotherapie wurde zunächst vorwiegend durch die Psychoanalyse geprägt; später wurde eine Fülle von anderen Methoden und Verfahren entwickelt, die kaum mehr zu überblicken sind. Schulen- und methodenübergreifend lassen sich jedoch die folgenden Grundelemente herausarbeiten, die für jede seriöse psychotherapeutische Behandlung kennzeichnend sind:

Gestaltung der Beziehung

Psychotherapie kann als Miteinander eines Hilfesuchenden und eines professionellen Helfers beschrieben werden, das darauf abzielt, Symptome zu lindern, Lebensumstände zu klären, Konflikte zu bearbeiten etc. In dieser Einseitigkeit unterscheiden sich therapeutische Beziehungen grundlegend von freundschaftlichen Beziehungen. In einer therapeutischen Beziehung wird eine Art Schutzraum gestaltet, der so gesichert und verlässlich ist, dass Ängstigendes, Peinliches, innere Verletzungen usw. offengelegt und einer »Wundheilung« zugeführt werden können. Was im psychotherapeutischen Gespräch anvertraut wird, wird weder bewertet noch beurteilt, sondern im Zusammenhang der bisherigen Lebensgeschichte, der jetzigen Lebenssituation und der körperlichen Wirkfaktoren aufgenommen und verstanden. Der Psychotherapeut bietet dabei eine Art Spiegel, in dem sich der Hilfe suchende ansehen kann, um zu einer Neubewertung zu kommen oder sein Bild von sich selbst zu erweitern. Aufgabe des Therapeuten ist es, diesen Schutzraum zu entfalten und zu festigen. Er bedient sich dabei einer Grundhaltung, die von Annahme, Offenheit, Wahrnehmung, Wertschätzung, Unterstützung und Grenzziehung geprägt ist. Ein Patient beschrieb diese Beziehungsgestaltung am Ende der Behandlung treffend mit folgendem Bild:

»Wie ein Geländer haben Sie mich eine Wegstrecke weit begleitet, einen Weg aus alten schattigen Mauern heraus. Wie das Geländer, in gleichmäßigem Abstand und doch da, den Absturz abzufangen.«

Gestaltung der Rahmenbedingungen

Psychotherapie ist kein normaler sozialer Bezugsrahmen. Die Begegnungen sind auf die therapeutische Situation begrenzt, allerdings immer mit dem Ziel, in die Lebenssituation hineinzuwirken. Rahmenbedingungen werden durch bestimmt Spielregeln definiert und gestaltet, die für beide Seiten verbindlich sind. Dazu gehören Absprachen bezüglich des äußeren Rahmens (z.B. Anzahl, Dauer, Frequenz der Therapiestunden, Länge der Behandlung, Gruppen- oder Einzelbehandlung, ambulant oder stationär), Vereinbarungen bezüglich der Mitarbeit und ggf. der Bezahlung,

Absprachen bezüglich der Behandlungsmethoden und deren Anwendung. Psychotherapie unterliegt ethischen Normen, die ebenfalls verbindlich sind und den Therapeuten verpflichten, Grenzen zu wahren und nach bestimmten Regeln der Kunst zu verfahren, die dem Hilfesuchenden bestmögliche Hilfe garantieren.

Anwendung von Methoden

Zu jeder psychotherapeutischen Behandlung gehört die Anwendung bestimmter Methoden und Verfahrensweisen. Die einzelnen Schulen verfügen über ein gut entwickeltes Repertoire unterschiedlicher Konzepte. Im Folgenden werden die im deutschen Gesundheitswesen als sog. Richtlinienverfahren anerkannten Therapierichtungen (Psychoanalyse, Tiefenpsychologisch fundierte Psychotherapie, Verhaltenstherapie) kurz skizziert. Die Auswahl dieser Methoden soll nicht bedeuten, dass andere Verfahren in der Praxis keine Rolle spielen. Verfahren wie zum Beispiel die Gesprächspsychotherapie, Gestalttherapie, Transaktionsanalyse, Konzentrative Bewegungstherapie und das Psychodrama, um nur einige zu nennen, sind seit vielen Jahren bekannt und erprobt, werden aber in der ambulanten Behandlung nicht von den gesetzlichen Krankenkassen bezahlt. Gleichwohl wird im Rahmen stationärer Psychotherapie darauf zurückgegriffen. Im Glossar sind einige der bekannten Psychotherapie-Schulen aufgeführt und beschrieben.

Im Konzept der *klassischen Psychoanalyse* steht das Erkennen und Bearbeiten unbewusster Konflikte im Vordergrund. Die Psychoanalyse geht von der Vorstellung aus, dass neurotische Einengungen, frühkindliche Mangelerlebnisse, Traumatisierungen o.ä. eine innerpsychische Dynamik entfalten, die letztlich zum Auftreten psychischer oder psychosomatischer Symptome führt. Grundlegende Methoden, mit denen eine Nachreifung und Befreiung von Fixierungen angestrebt wird, sind Wiederbelebung und Deutung unbewusster Konflikte im Rahmen von Übertragung und Regression. Dabei kann Traumarbeit, freies Assoziieren, die Arbeit an Widerständen oder das Erinnern und Wiedererleben schmerzlicher Erinnerungen im Mittelpunkt stehen.

Das Konzept der klassischen Psychoanalyse wurde vielfach weiterentwickelt. Die *Tiefenpsychologisch fundierte Psychotherapie* bedient sich beispielsweise derselben Grundannahmen zur Entstehung psychischer Störungen, modifiziert jedoch die Rahmenbedingungen und erweitert die Vorgehensweise. Behandlungen werden im Sitzen durchgeführt und können sich inhaltlich auf einzelne Konfliktbereiche beschränken. Das Vorgehen ist insgesamt flexibler, zeitlich begrenzter, weniger an der Methode sondern eher am jeweiligen Bedürfnis orientiert, bei Bedarf eher stützend als deutend und flexibler anwendbar. Die aktive Arbeit an krank machenden Konflikten und der konkreten Lebensführung hat Vorrang gegenüber Übertragungsdeutung und symptom-zentrierten Ansätzen.

Die *Verhaltenstherapie* entwickelte sich in vieler Hinsicht als Gegenstück zur Psychoanalyse. Ausgehend von der Bedeutung von Lernprozessen und inneren Grundannahmen für die Entstehung psychischer Störungen stehen Umdenken und Umlernen mit dem Ziel der Symptomlinderung oder -beseitigung im Vordergrund. Methoden der Verhaltenstherapie sind überaus vielfältig, differenziert und flexibel anwendbar. Sie fokussieren z.b. auf Zugewinn an Kompetenz, Selbstkontrolle, Lernen am Erfolg, Einüben neuer Verhaltensweisen, Veränderung hemmender Denkabläufe etc. Auslösesituationen und Symptom verstärkende Bedingungen werden gezielt analysiert und soweit möglich verändert. Die Auswahl der Interventionstechniken orientiert sich pragmatisch an der aktuellen Befindlichkeit und den aktivierbaren Ressourcen des Hilfesuchenden.

Waren die Anfänge der Psychotherapie eher durch Abgrenzung geprägt, zeichnet sich in den letzten Jahren ein interdisziplinärer Dialog ab, der zu einer Annäherung führt. In Zukunft wird weniger die Frage nach der besten Therapiemethode im Vordergrund stehen, sondern eher die Frage, wie im Einzelfall am besten geholfen werden kann. Das bedeutet auch, dass störungsspezifische Ansätze an Bedeutung gewinnen werden. Das therapeutische Vorgehen muss individueller und spezifischer auf das vorliegende Problem zugehen. Die Methoden der einzelnen Richtungen sind z.B. bei stationären Behandlungen kombinierbar, so dass in Zukunft ein noch stärkeres Zusammenwachsen zu erwarten ist.

Neben der Behandlung im Rahmen der gesetzlichen und privaten Krankenversicherung, die eine vorbestehende psychische Störung voraussetzt, existieren vielfältige Möglichkeiten, auf eigene Kosten bei Psychotherapeuten im Rahmen des Heilpraktikergesetzes Hilfe in Anspruch zu nehmen.

Überprüfbarkeit der Wirkung

In den letzten Jahren wurden ausgeprägte Anstrengungen unternommen, den Erfolg psychotherapeutischer Behandlungen zu untersuchen und Wirkfaktoren zu identifizieren. Der Nutzen und die Effektivität von Psychotherapie ist heute ausreichend belegt, und die Überprüfbarkeit des Behandlungserfolges ist zu einem Kriterium der Qualitätssicherung geworden. Nur überprüfbar wirksame Methoden sollten zur Anwendung kommen, und die Wirkung sollte kontinuierlich überprüft werden. Daraus erwächst eine besondere Herausforderung, stets Verständnis und Methoden zu verfeinern und neue Konzepte zu entwickeln. Dabei muss immer der Hilfe suchende mit seinen Schwierigkeiten, aber auch mit seinem Entwicklungspotential im Mittelpunkt sein und bleiben.

Was ist Seelsorge?

Seelsorge kennt viele Ausdrucksformen. Wer sich mit der Seelsorgegeschichte des 20. Jahrhunderts beschäftigt, stößt auf ein breites Spektrum von Anschauungen und Akzentsetzungen:

- In der ersten Hälfte des Jahrhunderts dominierte ein theozentrisches Verständnis von Seelsorge. Seelsorge wurde weniger als Sorge um die Seele des Menschen als um den Menschen als Seele verstanden. Im Fahrtwind dialektischer Theologie grenzte man sich bewusst von psychologisch gefärbten Seelsorgeentwürfen ab. Eduard Thurneysen definierte Seelsorge als »die Ausrichtung des Wortes Gottes an den Einzelnen«. Das Sehen und Verstehen des Menschen von Gott her, die Beicht- und Gebetspraxis prägten die Seelsorgearbeit.
- Die Begegnung mit der amerikanischen Seelsorgebewegung in der Nachkriegsära brachte eine deutliche Annäherung der Seelsorge an die Humanwissenschaften. Das ehemals spannungsreiche Nebeneinander von kirchlicher Seelsorge und säkularer Therapie löste sich nach und nach auf. Seelsorge begann, sich im kirchlichen Raum als Pastoralpsychologie zu etablieren. Die Beziehung zum Rat suchenden, Erleben und Emotionen, Gespräch und Selbsterfahrung rückten in den Vordergrund. Dietrich Stollberg sprach von Seelsorge als »Psychotherapie im kirchlichen Kontext«.
- In den 70er Jahren mehrten sich die Stimmen, die eine schleichende Auslieferung der Seelsorge an die säkulare Psychotherapie beklagten. In der evangelikalen Welt begegnete man der Säkularisierung der Seelsorge mit einer Rückbesinnung auf die Aussagen der Heiligen Schrift. Jay E. Adams vertrat die Auffassung, dass die Bibel als Handbuch der Seelsorge alle notwendigen Informationen liefert, um Menschen seelsorgerlich zu begleiten. Die Wiederentdeckung der Bibel für die Seelsorgearbeit ging einher mit einer versteckten Abwertung der psychotherapeutischen Arbeit.
- In den letzten Jahren beobachten wir in der evangelikalen Bewegung wieder eine vorsichtige Annäherung der Seelsorge an psychotherapeutische Denkmodelle. Verschiedene Veröffentlichungen (M. Dieterich, S. Pfeifer, R. Ruthe u.a.) haben nicht nur Verständnis für eine integrative Ausrichtung der Seelsorge geweckt, sondern gleichzeitig auch die Bereitschaft vertieft, psychologische Erkenntnisse als Handwerkszeug in die Seelsorgearbeit einzubeziehen.

Das unscharfe Erscheinungsbild von Seelsorge in der Geschichte spiegelt die aktuelle Verunsicherung in der Frage nach dem Selbstverständnis christlicher Seelsorge wider.

Hermann Eberhardt spricht von der Geschichte der Seelsorge als »einer Problemgeschichte eindimensionaler Sicht von Seele«. Engführungen in die eine Richtung wurden immer wieder durch Akzentsetzungen in eine andere Richtung überwunden.

Jeder Auffassung von Seelsorge liegt offensichtlich eine Anschauung von »Seele« zu Grunde, die Gegenstand der »Sorge« wird. Wer nach dem Selbstverständnis von Seelsorge fragt, muss zunächst klären, was unter Seele verstanden werden kann. Erst wenn geklärt ist, was unter Seele zu verstehen ist, kann die Sorge um sie verstanden werden. Theologen werden u.U. andere Antworten geben als Psychologen. Christen konservativer Prägung werden u.U. anders antworten als Christen liberaler Prägung. Das Verständnis von Seele korreliert immer mit dem Traditionsstrom, aus dem es erwächst. Dennoch gibt es so etwas wie eine gemeinsame Schnittmenge der christlichen Auffassung von »Seele«.

Das christliche Verständnis von Seele ist tief verwurzelt in den Grundaussagen der Heiligen Schrift. Vor allem zwei Grundansichten der Bibel sind für das Verstehen wesentlich:

Seele meint den ganzen Menschen
Nach biblischer Überzeugung hat der Mensch nicht nur eine Seele, er ist Seele. Die Bibel verwendet in ihrer Ursprache Worte für Seele, die unterschiedliche Aspekte des Lebens zu einer Einheit zusammenbinden: *näphäsch* (über 800 mal im AT) und *psychä* (etwa 100 mal im NT).

– Seele hat eine *existentielle Dimension.*
  Seele ist nach 1. Mose 2,7 der Lebensatem, der den Menschen zum Menschen macht. In 1. Könige 19,3 rettet Elia sein Leben (wörtlich *näphäsch*), in dem er vor Isebel flieht. In Matthäus 6,25 warnt Jesus vor übertriebener Sorge um das eigene Leben (wörtlich *psychä*).
– Seele hat eine *spirituelle Dimension.*
  In Psalm 42,3 sehnt sich die Seele nach Gott. In 1. Samuel 1,5 schüttet Hanna ihr Herz (wörtlich *näphäsch*) vor Gott aus.
– Seele hat eine *kognitive Dimension.*
  In Psalm 139,14 erkennt die Seele, wie wunderbar Gottes Werke sind. In Klagelieder 3,20 erinnert sich die Seele an die Treue Gottes.
– Seele hat eine *emotionale Dimension.*
  In Psalm 119,28 grämt sich die Seele vor Kummer. In Hohelied 1,7 liebt die Seele den Geliebten.
– Seele hat eine *somatische Dimension.*
  Müde Hände und wankende Knie sind für Jesaja Ausdruck eines verzagten Herzens (Jesaja 35,3). Auf der anderen Seite: Wenn sich die Seele freut, freut sich der Leib mit (Psalm 84,3).

Die Bibel sieht spirituelle, psychische, somatische und kognitive Aspekte des Lebens zusammen. Das Leben Jeremias verdeutlicht: Glaubenskrisen beeinflussen die Gefühlswelt (Jeremia 20,9). Im Leben Davids wird sichtbar: Unvergebene Schuld kann zu körperlichen Beschwerden führen (Psalm 32,3). Paulus unterstreicht: Geistliche Erneuerung ist mit neuem Denken verbunden (Römer 12,2).

In Gottes Augen ist der Mensch eine unteilbare Einheit. Spricht die Bibel über Teilaspekte menschlicher Befindlichkeit, geht es immer um den leibhaftigen Menschen in seiner Ganzheit und Lebendigkeit.

Seele meint den auf Beziehungen angelegten Menschen
Der Mensch ist als Seele nicht einfach nur für sich selbst da. Nach biblischer Überzeugung ist Seele das, was den Menschen in seiner Beziehung zu Gott, zu sich selbst und zum Mitmenschen ausmacht. Gott hat den Menschen als Beziehungswesen geschaffen (1. Mose 1,27; 2,24; Matthäus 22,37-39).

Menschsein heißt: in Beziehung sein. Jede Störung von Beziehung berührt die Seele.

Die *Beziehung zu Gott*

Seele kann nicht gedacht werden ohne die Beziehung zu Gott. Wo Gott dem Menschen seine Seele nimmt, ist das Leben zu Ende.

Beispielhaft erfährt das der reiche Kornbauer, der in seiner Selbstbezogenheit Gott aus dem Blick verloren hat (Lukas 12,19-20). In Markus 8,35-36 erinnert Jesus, dass Leben eingebüßt werden kann. Leben, das bleibt (wörtlich *psychä*), ist nur in der Hingabe an den zu erfahren, den Gott zum Heil der Welt gesandt hat: Jesus Christus.

In Apostelgeschichte 15,26 werden Paulus und Barnabas als Menschen bezeichnet, die ihr Leben (wörtlich *psychä*) für Jesus Christus eingesetzt haben.

Die Beziehung zu anderen Menschen

Seele kann nicht gedacht werden ohne eine Beziehung zum Mitmenschen.

Paulus hat mit den Christen in Thessalonich sein Leben (wörtlich *psychä*) geteilt (1. Thessalonicher 2,8). Es fällt auf, dass Seelsorge in der Welt der ersten Christen immer wieder auf die Beziehungskultur der Menschen untereinander abzielt. Seelsorge heißt u.a.: füreinander Sorge tragen (1. Korinther 12,25), trösten (1. Thessalonicher 5,14), beistehen (Philipper 4,3), zurechtweisen (Römer 15,14), zurechthelfen (Galater 6,1), Acht haben (Hebräer 10,24), ermahnen (Kolosser 3,16; 1. Thessalonicher 5,11), vergeben (Epheser 4,32), segnen (1. Petrus 3,9).

Die Beziehung zu sich selbst

Seele kann nicht gedacht werden ohne eine Beziehung zu sich selbst.

Seele beschreibt auch die innere Welt des Menschen. Was Gott zusagt, kann zu einem »Anker der Seele« (Hebräer 6,19) werden. Jesus möchte, dass der Mensch »Ruhe findet in der Seele« (Matthäus 11,29). Für Johannes ist wünschenswert, »dass es der Seele gut geht« (3. Johannes 3,2).

Vom Verstehen der biblischen Wurzeln der *Seele*, leitet sich die *Sorge* um sie ab. Die moderne Psychologie leistet mit der Erforschung der menschlichen Psyche einen wertvollen Beitrag zum Verstehen menschlichen Lebens. Seelsorge, die sich als Beziehungsgeschehen versteht, wird Beiträge, die einem besseren Verständnis der inner- und zwischenmenschlichen Lebenswirklichkeit dienen, nicht geringachten – vor allem dann nicht, wenn Therapiemodelle Grundüberzeugungen der Heiligen Schrift mit anderen Worten neu verständlich machen. Denken wir an die in der Gesprächspsychotherapie herausgestellte Bedeutung von Echtheit und Wertschätzung oder an die Bedeutung von Gedankenabläufen in der Kognitiven Therapie.

Allerdings wird sich eine Seelsorge, die sich ihrer Wurzeln besinnt, nicht auf horizontale Beziehungszusammenhänge einlassen, ohne die Bedeutung der vertikalen Gottesbeziehung mitdenken zu dürfen. Geistliche, psychische und leibliche Lebensaspekte lösen sich in der Seelsorge nicht ineinander auf, aber sie dürfen zusammengeschaut werden, und zwar deshalb, weil Seelsorge in ihrem theologischen Kern Beziehungsgeschehen ist. Seelsorge ist Sorge um den ganzen Menschen in seinen vielfältigen Beziehungsfeldern.

Seelsorge sorgt sich um die *über-menschliche Beziehungsebene*

Vom Erlösungshandeln Gottes in Jesus Christus empfängt Seelsorge: Wirkungskraft und Orientierung. Seelsorge weist den Weg, wie ein durch Sünde von Gott getrennter Mensch Heil erfahren kann.

Seelsorge sorgt sich um die *zwischen-menschliche Beziehungsebene*

Seelsorge liegt die Beziehungskultur am Herzen. Seelsorge will Menschen Hilfe sein, gestörte Beziehungen zu überwinden und Beziehungsalltag zu gestalten.

Seelsorge sorgt sich um die *inner-menschliche Beziehungsebene*

Wer mit Gott und mit Menschen ausgesöhnt ist, der lebt auch ausgesöhnt mit sich selbst. Seelsorge will Menschen zu einem gesunden Selbstbild verhelfen.

Was ist Beratung?

Beratung in Abgrenzung zur Psychotherapie zu umschreiben fällt angesichts der Unschärfe und der unterschiedlichen Verwendung des Begriffes in der Praxis nicht leicht. Beratung kann auf sehr vielfältige Weise in Anspruch genommen werden. Meistens geht es dabei um Lebensfragen im weitesten Sinn, nicht oder nicht notwendigerweise um psychische oder psychosomatische Störungen. Wer einen Berater aufsucht erwartet häufig Ratschläge oder Informationen, konkrete Hinweise zu konkreten Fragestellungen. Die Hauptbereiche sind Ehe-, Familien-, Jugend-, Drogen-, Sexual- oder Erziehungsberatung, die ambulant in Praxen oder Beratungsstellen durchgeführt werden.

Beratung bezweckt, durch Einsicht und Wissen über bestimmte Zusammenhänge Veränderungen zu bewirken, indem eigene Möglichkeiten erschlossen, Handlungsfähigkeit gefördert und Problemlösungen selbstständig oder mit Hilfestellung erarbeitet werden. Beratung wird zumeist ausgeübt von Psychologen, Sozialpädagogen, Ärzten, Seelsorgern, die Spezialkenntnisse erworben haben und diese beratend weitervermitteln. Beratung zielt eher auf Lebensprobleme und deren Bewältigung denn auf die Besserung psychischer Symptome.

Die Methodik der Beratung orientiert sich an der Information und Einsicht in bestimmte Zusammenhänge mit dem Ziel, die Lebensgestaltung konkret zu verändern. Insofern gibt es deutliche Unterschiede zwischen Psychotherapie, Seelsorge und Beratung, es gibt aber auch Berührungen und Überschneidungen. Eine Familienberatung kann z.B. in einen therapeutischen Prozess übergehen, aus einer Sexualberatung kann eine Sexualtherapie entstehen.

Aus prinzipiellen Gründen sollte jedoch Beratung definiert bleiben als Weitergabe spezifischer Informationen in bestimmten Lebens- und/ oder Glaubensfragen, während Psychotherapie eher die Arbeit an den Ursachen und Folgen psychischer Störungen innerhalb eines therapeutischen Prozesses zum Inhalt hat. Die Effektivität von Beratung ist unbestritten. Beratung kann präventive Wirkung entfalten, d.h. die Entstehung psychischer Störungen verhindern, sofern frühzeitig interveniert wird.

Wie kann zusammenwachsen, was zusammengehört?

Betrachtet man die Entwicklungen der letzten Jahre in Psychotherapie und Seelsorge, so sind folgende Entwicklungen unverkennbar:
- Mit wenigen Ausnahmen wurde die spirituelle Dimension in der Psychotherapie vernachlässigt.
- Die klassische Seelsorge wurde durch Integration therapeutischer Methodik erweitert.
- Die Grenzen werden zunehmend unschärfer.

Die Frage der zukünftigen Entwicklung ist unklar, die Frage ob das eine das jeweils andere ersetzen kann wird gelegentlich gestellt. Unserer Meinung nach wäre es kurzsichtig, angesichts der Not einer Vielzahl von

Hilfe suchenden so zu denken. Wer Hilfe sucht, soll Hilfe finden, und zwar kompetente Hilfe auf der Grundlage einer vertrauensvollen Beziehung. Entscheidendes Kriterium sollte die Frage sein, wer im Einzelfall die bestmögliche Hilfe anbieten kann – daran sollten sich alle Hilfsangebote messen lassen. Ein Entweder-Oder ist unnötig und unsinnig.

Vorurteilsfreie Begegnungen zwischen beratenden und therapeutischen Seelsorgern und Psychotherapeuten können den eigenen Blickwinkel erweitern und die eigene Fachkompetenz ergänzen. Spezifische Fragen könnte der Psychotherapeut an den Seelsorger und umgekehrt delegieren.

Allerdings wird dies nur gelingen, wenn jeder Einzelne seine Möglichkeiten und Grenzen kennt und Konkurrenz einer persönlichen Kooperation weicht. Nicht jeder muss alles können, aber jeder sollte wissen, wo und wie er an seine Grenzen kommt und wie er sich an seinen Grenzen verhält. Ein Aufeinanderzugehen von Psychotherapeuten und Seelsorgern wird durch gemeinsame Fortbildungsveranstaltungen, Supervision, Intervision und Ähnliches gefördert. Erste Ansätze zu vertiefen ist ein Gebot der Zukunft.

Säkulare Psychotherapeuten sollten sich dringend mehr mit der Frage nach dem tieferen Lebenssinn beschäftigen und die speziellen Fragen christlicher Patienten kennen, da therapeutische Beziehungen sonst rasch durch Misstrauen und Zweifel belastet werden. Innerhalb des weiten Spektrums der Seelsorge gilt es, angesichts methodischer Psychotherapie-Kenntnisse die Gottesbeziehung und deren heilende Kräfte nicht in den Hintergrund zu drängen. Seelsorge sollte nicht ausschließlich oder vorrangig »Profis« überlassen werden. Seelsorge bleibt vor allem auch ein prägendes Element im Alltag jeder christlichen Gemeinde. Gerade hier, im direkten Lebensumfeld, kann professionelle Hilfe ergänzt und realisiert werden, wenn Hilfesuchende einen Ort finden, wo sie angenommen und verstanden werden und eine Art Geländer vorfinden, das eine Weitergabe und ein Sammeln neuer Erfahrungen ermöglicht. Gerade hier liegen unschätzbare Möglichkeiten, die weitergedacht und gelebt werden wollen.

Was bedeutet die Rückbesinnung auf die Grundaussagen der Heiligen Schrift für die Zusammenarbeit des Seelsorgers mit dem Therapeuten?
- Die Theologie darf sich auf Psychologie einlassen.
  Psychologie befasst sich mit der wahrnehmbaren, zu beobachtenden Wirklichkeit des Menschen. Theologie klammert die Lebenswirklichkeit des Menschen nicht aus. Sie geht ein auf den Alltag des Menschen, aber sie geht nicht in ihr auf.
- Die Theologie muss ganz Theologie bleiben.
  Theologie geht von der Wirklichkeit der Offenbarung Gottes aus, der Menschen aussöhnt mit Gott, sich selbst und anderen Menschen. Diese Wirklichkeit Gottes erschließt sich nur dem Glaubenden.

Das integrative Zusammenspiel von Seelsorge und Therapie hat Zukunft . . .

- wenn die theologische Identität der Seelsorge nicht preisgegeben wird,
- wenn Psychotherapie und Seelsorge als Arbeit am ganzen Menschen gesehen werden,
- wenn Psychotherapie und Seelsorge sich als Arbeit an Beziehungen verstehen.

Es gibt also nicht entweder Seelsorge oder Beratung oder Psychotherapie, sondern es gibt ein breites Spektrum von Hilfen für unterschiedliche Menschen mit verschieden Problemen und Fragestellungen – und das ist gut!

Was ist Supervision?

Eine Einführung

Rolf Gersdorf

Eine erste »supervisorische Spur« finden wir im Alten Testament, im 2. Buch Mose, Kapitel 18. Moses Schwiegervater Jetro entdeckt, dass mit seinem Schwiegersohn etwas nicht stimmt. Offensichtlich war er in seiner Arbeit relativ »solistisch« engagiert und möglicherweise – darauf weisen verschiedene charakterliche Beschreibungen des Mose hin – fiel es ihm schwer zu delegieren. Er nahm die Dinge, auch die Rechtsprechung in seinem Volk lieber allein in die Hand. Jetro beweist Weitblick, Weisheit und Courage und spricht Mose direkt an: »Die Sache ist nicht gut, die du tust. Du reibst dich auf (du wirst welk, wirst erschöpft sein!), sowohl du als auch dieses Volk, das bei dir ist. Die Aufgabe ist zu schwer für dich, du kannst sie nicht allein bewältigen.« (2. Mose 18,17-18; Elberfelder Übersetzung)

Mose nimmt Jetros Rat an und setzt sozusagen ein Leitungsteam von Richtern ein, die ihn entlasten.

Viele Berater, Therapeuten, Pastoren und Seelsorger, Teams, Gemeindeleitungen und andere Mitarbeiter geraten im Verlauf ihres Dienstes an den Punkt der Aufreibung und des Ausbrennens. Die Aufgaben und Verantwortungen sind häufig so komplex, dass die Grenzen der eigenen Belastbarkeit regelmäßig überschritten werden. Schließlich kommt es zum Burnout, weil die Arbeit immer wieder nur mit letzten Kraftreserven bewältigt wurde.

Gerade im Bereich diakonischer Dienste, zu denen Seelsorge, Beratung und Therapie gehören, verlieren wir vor lauter Helfen und Sorgen um den anderen häufig den Blick für uns selbst und auch für Gott.

Wie wollen wir andere unterstützen, wenn wir nicht auf uns selbst achten?

Wie wollen wir anderen aufhelfen, wenn wir uns selbst nicht aufhelfen lassen?

Wie wollen wir mit anderen Lösungsmöglichkeiten und -wege erarbeiten, wenn wir selbst solche nicht nutzen?

Sehr schnell kommen wir an den Punkt, wo wir den Balken im eigenen Auge nicht sehen (vgl. Matthäus 7,3).

Supervision leitet sich vom lateinischen *supervidere* ab und bedeutet soviel wie *obendrauf-, darüberschauen;* auch *von oberhalb, von oben schauen; nach oben* oder *über sich hinausschauen.*

Die Entwicklung der Supervision als professioneller Beratungsform hat eine mehr als hundertjährige Geschichte mit Wurzeln in den Anfängen der amerikanischen Sozial- und Wohlfahrtsarbeit. Damals diente sie in erster Linie der Leistungs-Kontrolle, der Aufsicht und Anleitung von ehrenamtlichen und dann auch hauptamtlichen MitarbeiterInnen.

Wer sich in diese Geschichte vertiefen möchte, den möchten wir auf das ausgezeichnete Buch von Nando Belardi, »Supervision – von der Praxisberatung zur Organisationsentwicklung« verweisen.

In Deutschland ist Supervision erst etwa seit den 50er Jahren übernommen und weiterentwickelt worden.

Mit Supervision werden auch die folgenden Begriffe verknüpft: Praxisberatung, Praxisanleitung, Ausbildungssupervision, Fortbildungssupervision, kollegiale Beratung.

In der heutigen Supervisionspraxis werden die unterschiedlichsten methodischen Ansätze angewendet, wie z.b. aus der Kommunikationswissenschaft, den Systemtheorien, der Organisationsberatung und auch aus unterschiedlichen therapeutisch ausgerichteten Modellen (Gestalttherapie, systemische Beratung, Psychoanalyse etc.).

Supervision ist kein rechtlich geschützter Begriff. So verwenden häufig unterschiedliche BeraterInnen diesen Begriff in ihrer Selbstdarstellung, auch wenn sie keine entsprechende Zusatzqualifikation oder berufliche Ausbildung nachweisen können.

An dieser Stelle sei bemerkt, dass der Einsatz dieser MitarbeiterInnen sicherlich wichtig und anerkennenswert und in vielen Fällen durchaus auch professionell sein kann. Allerdings wird dabei aber weithin übersehen (hier im Sinne von »nicht hinschauen«!), dass sich die »Supervisionslandschaft« in unserem Land und auch europaweit grundlegend geändert hat.

Supervision hat sich zu einer eigenen Profession entwickelt, die, auch wenn es bisher keine einheitliche Definition gibt, auf der Grundlage bestimmter Ausbildungs- und Qualifikationsstandards arbeitet. Die Deutsche Gesellschaft für Supervision (DGSv) ist heute der anerkannte Dachverband für Supervision in unserem Land. In ihm sind ca. 30 Ausbildungsinstitute zusammengeschlossen, welche die Standards festlegen, prüfen und weiterentwickeln.

In der Regel wird in allen professionell arbeitenden Einrichtungen für die Supervision die Mitgliedschaft des Supervisors/der Supervisorin in diesem Dachverband vorausgesetzt, damit grundlegende Qualitätsstandards erfüllt werden.

Was ist Supervision denn nun eigentlich?

Ist es Therapie? Organisationsberatung? Berufliche Fort- u. Weiterbildung? Training?

Berührungspunkte und Gemeinsamkeiten mit diesen Bereichen gibt es sicherlich, so wie es folgende Aufstellung zeigt:

Drei Bereiche finden in der Supervision vor allem Beachtung:

1) Struktur, Bedeutung und Dynamik des Kontextes, also des gesamten Berufsfeldes des Supervisanden/der Supervisandin (Bezeichnung für diejenigen, die Supervision für sich in Anspruch nehmen), dazu zählen insbesondere auch die institutionellen und organisatorischen Rahmenbedingungen.
2) Die persönlichen Anteile des Supervisanden/der Supervisandin in Konflikten und Arbeitsbeziehungen (z.B. eigene Lebensgeschichte, offene/verdeckte Aufträge durch die Herkunftsfamilie etc.).
3) Reflexion der praktischen Arbeit des Supervisanden/der Supervisandin (z.B. Fallsupervision etc.).

Supervision soll dabei unterstützen, die berufliche/ehrenamtliche und persönliche Handlungskompetenz zu erhalten, wiederherzustellen und zu erweitern. Sie ermöglicht, konkret an Lösungsschritten zu den Fragen des Supervisanden/der Supervisandin zu arbeiten und stellt im Zusammenhang damit Lern- und Erfahrungsfelder und Raum für Entwicklung und Veränderung zur Verfügung.

Konkret soll er/sie sich in der Supervision emotional entlasten, seine/ihre Wahrnehmungsfähigkeit erweitern und die Fähigkeiten zur Konflikt- und Verhandlungsfähigkeit ausbauen. Durch Supervision kann es aber zunächst auch für den Supervisanden/die Supervisandin im Prozess der selbstreflexiven Auseinandersetzung mit der beruflichen (auch der seelsorglichen) Rolle und Identität zu einer emotionalen Belastung kommen.

An dieser Stelle möchte ich den Begriff des Auseinandersetzens durch den des *Zueinandersetzens* ersetzen. In der Supervision geht es meines Erachtens darum, dass die SupervisandInnen in Kontakt mit sich selbst, mit den Themen, die sie bewegen und mit verschiedenen möglichen Sichtweisen und Lösungswegen kommen. Mir gefällt an dieser Stelle eine Beschreibung, die Kurt F. Richter über den Lehrsupervisionsprozess macht (das ist die Supervision für SupervisorInnen in der Ausbildung), die ich so auch allgemein auf Supervision beziehen möchte. Darin beschreibt er Supervision als einen intensiven Beziehungsprozess des »Begleitens, der Bereitstellung von sicheren Erfahrungsräumen, Modellverhalten, Wahrnehmungen, Wissen und Kompetenzen« (Kurt F. Richter in: System Lehrsupervision, S. 136).

Supervision findet als *Einzelsupervision*, als *Gruppensupervision* (MitarbeiterInnen aus unterschiedlichen Institutionen) und als *Supervision in Organisationen* (Teamsupervision, Leitungs- und Rollensupervision) statt. Es ist Standard, dass jeder Supervisor/jede Supervisorin selbst regelmäßig in Supervision (Kontrollsupervision) ist, und es ist Kontraktbestandteil in der Supervision, dass Informationen aus Supervisionsprozessen in der Kontrollsupervision besprochen werden dürfen.

Im Kontrakt zwischen SupervisorIn und SupervisandIn werden des weiteren die Anzahl der Sitzungen, das Honorar, vorläufige Ziele, eventuelle Zwischen- und Abschlussauswertungen etc. vereinbart.

Die Inhalte der Supervision unterliegen der Schweigepflicht, es sei denn, es werden ausdrücklich entsprechende Kontraktabsprachen getroffen, wie zum Beispiel im Falle der Kontrollsupervision.

Supervision als spiritueller Erfahrungs-Raum?
Andriessen und Miethner sprechen in ihrer Beschreibung pastoraler Supervision davon, dass es in der Supervision auch und gerade um den Glauben der hauptamtlichen Seelsorger und Pastoren gehe.

Supervision wird von ihnen als begleiteter Veränderungsprozess im Sinne eines Lernweges gesehen, in dem die geistliche Dimension, also Wirkung und Ausdruck des Geistes Gottes im Leben des Supervisanden ausdrücklich in den Blick genommen wird.

Es gibt zwar keine »christliche Supervision«, aber Supervision in den Zusammenhängen des christlichen Glaubens, in der bewusst wesentliche Themen geistlich reflektiert werden.

Wie erleben die SupervisandInnen Gottes Wirken in ihrer seelsorgerlichen und geistlichen Arbeit? Wie geht der Einzelne mit seinen Erfahrungen des Glaubens und den Glaubenserfahrungen anderer Menschen um? Was drückt seine/ihre Haltung über das Wirken des Geistes Gottes in seinem/ihrem Dienst aus? Warum stehen bestimmte geistliche Themen, Worte und Dogmen immer wieder im Vordergrund, während andere keine oder kaum eine Bedeutung haben?

Wie anziehend oder abweisend, öffnend oder verschließend ist das eigene fromme Verhalten?

Glaube im praktischen Erfahrungs-, Haltungs- und Handlungsraum und -alltag der SupervisandInnen und nicht die gedachte fromme Theorie oder die theoretische Abhandlung über christlich-religiöse Themen sollen in der Supervision sichtbar und somit der Reflexion zugänglich gemacht werden.

König David betet in Psalm 139,23 zu Gott: »Durchforsch mich, Gott, und sieh mir in das Herz, und prüfe mich und die Gedanken, Wünsche und Motive meines Herzens!« (in der Übersetzung von Dr. R. F. Edel). Hier wird genau die Haltung beschrieben, die sich meines Erachtens auch in der Supervision im christlichen Kontext immer wieder selbstkritisch im Lichte des Wirkens des Geistes Gottes hinterfragbar macht und zwar sowohl von SupervisandIn wie auch SupervisorIn. Dadurch wird bewusst ein Entwicklungsraum geschaffen, in dem die verändernde Kraft des biblischen Wortes und des Geistes Gottes zugelassen und genutzt wird.

Grenzen in der Supervision liegen in der Regel dort, wo in Anlehnung an die vorstehende Aufstellung,
  – ein therapeutisches Setting für den Einzelnen wichtig wäre und der berufliche Kontext längerfristig nur eine untergeordnete Rolle einnehmen kann,

- Training in bestimmten beruflichen Methoden und Techniken wichtig und notwendig wäre,
- wo ausschließlich Organisationsberatung und -entwicklung angesagt ist,
- wo der Wunsch oder das Bedürfnis nach beruflicher Fort- und Weiterbildung im Vordergrund steht.

Kommen wir noch einmal auf Jetro und Mose zurück.

Sicherlich war Jetro über die gerade beschriebenen Ziele, Inhalte und Standards von Supervision nicht informiert, ebenso wenig hatte er eine von der DGSv anerkannte Supervisionsausbildung. An Zusammenhängen und Nutzungsmöglichkeiten verschiedener beraterischer Ansätze wäre er, der sich eher mit Landwirtschaft und Viehzucht beschäftigte, möglicherweise weniger interessiert gewesen. Aber er hatte eine sehr gute Wahrnehmungsfähigkeit und erschloss dadurch einem Mose Lösungsmöglichkeiten für ein Problem, das dieser offenkundig noch nicht erkannt hatte.

Wir haben heute großartige Möglichkeiten, unsere Kompetenz und Arbeitsfähigkeit in unseren Berufen und Berufungen zu erhalten und zu erweitern. Qualifizierte Supervision sollte nicht erst dann in Anspruch genommen werden, wenn Probleme dazu drängen.

Vielmehr sollte Supervision zum normalen Erfahrungsbestandteil berufsalltäglicher und auch ehrenamtlicher Arbeit in den christlichen Kirchen und Freikirchen sowie den unterschiedlichen christlichen Werken gehören.

Es ist dringend notwendig, dass Supervision auch im Bereich christlicher Werke und Dienste zur Standardausstattung beraterischer und seelsorglicher, beruflicher und geistlicher Kompetenzentfaltung wird. Für die »KundInnen« der unterschiedlichen Beratungs-, Therapie und Seelsorgeangebote sei hier erwähnt, dass Supervision wesentlich zur Qualifizierung und Qualitätssicherung im Prozess der eigenen Beratung beiträgt.

Wünschenswert ist es auch, dass sich noch mehr Christen in diesem Bereich ausbilden lassen, um aus einer eindeutigen christlichen Verantwortung und Haltung heraus Supervision anzubieten.

Weitere Informationen zum Thema bietet die

DGSv (Deutsche Gesellschaft für Supervision)
Flandrische Str. 2
50674 Köln
Tel. 0221 – 92004 0
Fax 0221 – 92004 29
http://www.dgsv.de

Literatur:

Andriessen, C.I. Herman und Miethner, Reinhard;
Praxis der Supervision – Beispiel: Pastorale Supervision
Roland Asanger Verlag, Heidelberg 1993

Belardi, Nando;
Supervision – Von der Praxisberatung zur Organisationsentwicklung
Junfermann Verlag, Paderborn 1994

Brandau, Hannes;
Supervision aus systemischer Sicht
Otto Müller Verlag, Salzburg 1991

Beratungsangebote
nach Bundesländern geordnet

Beratungsstellen, ambulante Therapieeinrichtungen und therapeutische Seelsorge
(Kürzel: *Amb* für ambulant)

Stationäre therapeutische Einrichtungen und betreutes Wohnen
(Kürzel: *Stat* für stationär)

Ausbildung, Schulung, Supervision
(Kürzel: *ASS* für Ausbildung, Schulung, Supervision)

Baden-Württemberg

				Seite
Beratungs- und Therapiezentrum Schwarz-waldpark, Psychotherapeutische Ambulanz, 72250 Freudenstadt	Amb			79
Beratungs- und Therapiezentrum Schwarz-waldpark, Sanatorium für Seelsorge und Psychotherapie, 72250 Freudenstadt		Stat		198
Beate u. Paul Bleher, Christliche Lebens-beratung, 73642 Welzheim	Amb	Stat		87
Christliches Lebenszentrum Langenburg, 74595 Langenburg	Amb	Stat	ASS	96
Christlich Psychologischer Beratungsdienst, Hartmut Schott, 74599 Wallhausen-Hengstfeld	Amb		ASS	95
DE-IGNIS-Beratungsstelle, Dr. med. Jutta Günther, 75428 Illingen	Amb			102
DE'IGNIS Fachklinik für christliche Psychiatrie und Psychosomatik, 72227 Egenhausen	Amb	Stat	ASS	200
DE'IGNIS FGS, 72227 Egenhausen	Amb		ASS	103
DE'IGNIS WWV, Wohnheim, Werkstatt und Verlag zur außerklinischen psychiatrischen Betreuung, 72514 Engelswies		Stat		105

Niedersachsen

Nordrhein-Westfalen

Sachsen-Anhalt

Übersicht nach Postleitzahlen

57

Einzelangebote

(Alphabetisch geordnet)

Ursula Abel   **Telefon: 02366 – 87 44 4**

Eisenacher Str. 4

45699 Herten

Leitung:
Ursula Abel, Erzieherin, Gestaltberaterin (IGS), Therapeutische Seelsorgerin (ITS)

Angebot:
◇ Einzel- und Paarberatung, auch Jugendliche
◇ Seminare und Referate zu den Themen
  ▷ Erziehung
  ▷ Ehe
  ▷ Seelsorge
  ▷ Sexueller Missbrauch
Das Angebot besteht seit 1995.

Arbeitsgrundlage/Methoden:
◇ Individualpsychologie (A. Adler),
◇ Rational-Emotive-Therapie (A. Ellis)
◇ Gestaltberatung (F. Perls)
◇ Gottes Wort der Liebe, Gnade, Vergebung und Barmherzigkeit für jeden Menschen

Stellenbesetzung: Ursula Abel

AC, Addicts for Christ
Christliche Suchthilfe
Ludwigstr. 29

60327 Frankfurt/Main

Telefon: 069 – 73 20 56
Fax: 069 – 73 20 43
e-mail: acsuchthilfe@AC-Addicts-for-Christ.de
e-mail: acschritte@AC-Addicts-for-Christ.de
e-mail: ackontakt@AC-Addicts-for-Christ.de
homepage: www.AC-Addicts-for-Christ.de

Leitung: Joachim Bambach, Leiter AC-Gemeinschaft, Verwaltungswirt, Krankenpfleger, Suchthelfer

Angebot:
◇ AC ist eine überkonfessionelle, gemeinnützige christliche Gemein-schaft für Süchtige, deren Angehörige und Freunde sowie anderweitig betroffene Personen, die sich angesprochen wissen.
◇ Kontakt – Beratung – Therapievermittlung
◇ Schritte – Zweckbetrieb: Reinigungsdienste, Transportdienste, Um-züge, Entrümpelungen, Renovierungshilfe, Hausmeisterdienste, Gar-tendienste
◇ Medizinische Ambulanz
◇ Lebendiges Wasser – Gottesdienste »Kirche der Armen«
◇ Cafe Lichtblick (kostenlose Getränke, Snacks, Kleidung und Wäsche)
◇ Gefangenenhilfe (integrative Vermittlungsdienste, Besuchsdienste)
◇ Selbsthilfegruppe
◇ Öffentlichkeitsarbeit, Schulungen (Suchtprävention in Schulen, Wer-ken und Gemeinden, Kindergärten, Ausbildungsstätten, Betrieben)

Arbeitsgrundlage/Methoden:
Die Gesprächsgruppen von AC arbeiten mit Hilfe der Zwölf Schritte. Zu-sammen mit den zugeordneten, ausgesuchten Schriftstellen (Bibel) helfen sie uns, in die Gnade und in das Heil Gottes hineinzuwachsen.

Stellenbesetzung:
Joachim Bambach, Leiter AC-Gemeinschaft, Verwaltungswirt, Kranken-pfleger, Suchthelfer; Christoph Stamer, Mitarbeiter des Zweckbetriebs, Arbeitsvertrag; 2 Rehabilitanten mit Arbeitsvertrag

Info:
AC ist vertreten in der Ev. Allianz Frankfurt/Main. AC ist Gründungsmit-glied von ACC Deutschland e.V. (Association of Christian Counsellors). Die Glaubensgrundlage bildet das Nizänische Glaubensbekenntnis.

ACC-Deutschland e.V.   Telefon: 05677 – 13 31
zzt. c/o Marion Glöckner

An der Nebelbeeke 7   e-mail: intermay@aol.com

34379 Calden

Leitung: wird neu besetzt

Angebot:
◇ Dachverband für christliche Berater und Seelsorger
◇ Akkreditierung von Seelsorgern (geplant)
◇ Anerkennung von Kursen (geplant)
Das Angebot besteht seit 1997.

Ziele:
◇ ACC (Association of Christian Counsellors) stellt für christliche Bera-
  ter und Seelsorger, die im gemeindlichen und/oder gesellschaftlichen
  Bereich tätig sind, angemessene Kriterien zusammen, die Vorausset-
  zung für eine Akkreditierung sind.
  ▷ ACC strebt einen hohen Trainingsstandard für christliche Berater
    und Seelsorger an.
  ▷ ACC unterstützt andere christliche Beratungs- und Seelsorgeorga-
    nisationen.
  ▷ ACC erstellt eine Liste von akkreditierten christlichen Beratern
    und Seelsorgern und von Organisationen und Institutionen, die im
    Bereich der christlichen Beratung und Seelsorge tätig sind. (Es ist
    nicht die Absicht von ACC, Beratung und Seelsorge direkt zu ver-
    mitteln.)
  ▷ ACC-Deutschland arbeitet mit anderen europäischen ACC eng
    zusammen

Zweck:
Die Association of Christian Counsellors ist eine Organisation, die Christen zusammenbringen will, die in verschiedenen Bereichen seelsorgerlich
oder beraterisch tätig sind. ACC versteht sich als Dachverband, der es
christlichen Beratern und Seelsorgern ermöglicht, eine Anerkennung und
Akkreditierung zu erwerben. ACC will keine Vereinheitlichung der Bera-
tungspraktiken erreichen, sondern strebt die Anerkennung, Ermutigung
und Etablierung christlicher Beratung und Seelsorge an, sowohl im gemeindlichen als auch im gesellschaftlichen Bereich.

Ambulante Beratungs-   **Telefon: 03943 – 63 27 24**
und Behandlungsstelle   **Fax: 03943 – 63 22 38**

Degener Str. 8

38855 Wernigerode

Träger:
Diakonie-Krankenhaus »Neuvandsburg« GmbH ein Unternehmen des
Deutschen Gemeinschaftsdiakonieverbandes Marburg

Leitung: Klaus-Dieter Krebs

Anschrift:
Ambulante Beratungs- und Behandlungsstelle
Ludwig-Rudolph-Str. 3-4, 38889 Blankenburg, Tel.: 03944 – 20 31

Ansprechpartner: Tom Dieckmann

Angebot:
◇ Hilfsangebote für Betroffene, Angehörige, Interessierte
◇ Einzel- und Gruppengespräch
◇ Präventionsveranstaltungen
◇ Vermittlung stationärer Therapie
Das Angebot besteht seit 1991.

Arbeitsgrundlage/Methoden:
◇ Verhaltenstherapeutisch mit Integration auch anderer therapeutischer
   Methoden
◇ Aufsuchende Hilfe, Beratung und Behandlung (Psychosoziale Be-
   treuung, Psychotherapeutische Behandlung in Einzel-, Gruppen- und
   Familientherapie)
◇ Integrationshilfe
◇ Prävention und Öffentlichkeitsarbeit
◇ Orientierungsangebot auf biblisch-seelsorgerlicher Grundlage

Stellenbesetzung:
Sozialarbeiter, Dipl.-Pädagogen, Dipl.-Sozialarbeiter, Fachkraft für so-
ziale Arbeit mit sozialtherapeutischer Weiterbildung, Verwaltungskraft,
Praktikanten, Zivildienstleistende

Info:
Mitgliedschaft: Fachverband Sucht, EFAS
Diakonisches Werk der Kirchenprovinz Sachsen-Anhalt
Prospekt über den Therapieverbund des DKH »Neuvandsburg« GmbH

Arbeitsgemeinschaft Seelsorge　　Telefon: 0511 – 54 80 80
und Psychotherapie
Groß-Buchholzer Kirchweg 72　　homepage:
30655 Hannover　　www.baptisten-
　　hannover.de/ast

Leitung: Karin Steinau-McCutchan, Ergo-/Gestaltungstherapeutin, BTS-Ausbildung

Angebot:
◇ Biblisch-therapeutische Seelsorge und Beratung
　▷ in Glaubens- und Lebensfragen
　▷ in Krisen und Konfliktsituationen
　▷ in Ehe- und Familienproblemen
　▷ bei homosexuellen Neigungen
　▷ für Menschen mit psychischen Krankheitsbildern
　▷ für Menschen mit Depressionen
　▷ mit Süchten und Ängsten
　▷ sowie deren Angehörige
◇ Seminarangebote
　▷ Heilung nach Trennung
　▷ Seelsorgeschulungen
　▷ Supervision
Die Arbeit besteht seit Oktober 1990. Das Angebot gilt für Niedersachsen und angrenzende Bundesländer.

Arbeitsgrundlage/Methoden:
◇ Die Vorgehensweise basiert auf biblischer Grundlage. Sie geht davon aus, dass die Bibel Lösungsmöglichkeiten für Schwierigkeiten in allen Lebenslagen bietet, unter Einbeziehung psychologischer, medizinischer und pädagogischer Erkenntnisse, soweit diese mit biblischen Grundsätzen vereinbar sind. Schwerpunkte dieser Arbeit sind:
　▷ Innere Heilung
　▷ Erkennen falscher und Erarbeitung neuer Ziele
　▷ Biblische Verhaltenstherapie
　▷ Vergangenheitsbewältigung
　▷ Individualpsychologie nach Adler
　▷ Methodenpluralität in Anlehnung an BTS

Stellenbesetzung:
1 Ergo-/Gestaltungstherapeutin mit BTS Ausbildung, 2 Ärzte für Allgemeinmedizin, 1 Ärztin für Psychiatrie, 1 Klinische Psychologin und Psychotherapeutin, 1 Theologe, 1 Psychologische Psychotherapeutin mit BTS-Ausbildung

Arbeitsgemeinschaft Seelsorge im Bund Freier ev. Gemeinden, KdöR
Pastor Günter Hallstein

Medenbacher Str. 12

Telefon: 02777 – 16 31
Fax: 02777 – 16 31
e-mail: seelsorge@feg.de
homepage:
www.feg.de/seelsorge

35767 Breitscheid/Hess.

Leitung:
Pastor Günter Hallstein, Referent für Seelsorge im BFeG, Lehrberechtigter Transaktionsanalytiker (PTSTA, Deutsche Gesellschaft für Transaktionsanalyse)

Angebot:
◇ Kurse, Seminare, Workshops, Fortbildung
◇ Einzelberatung/-therapie, Eheberatung, Beratungs-, Therapiegruppen
◇ Supervision (Einzel-/Team-),
◇ Selbsterfahrung
◇ Vorträge für
   ▷ Ratsuchende innerhalb und außerhalb christlicher Gemeinden
   ▷ Menschen, die an persönlichem Wachsen und Reifen interessiert sind
   ▷ Menschen in helfenden Berufen
Das Angebot besteht seit 1988.

Arbeitsgrundlage/Methoden:
◇ Transaktionsanalyse, Gestalttherapie bzw. Integrative Therapie, Individualpsychologie, Klinische Seelsorgeausbildung (KSA), TZI, Verhaltenstherapie, BTS

Stellenbesetzung:
Bundesweit 40 MitarbeiterInnen innerhalb der Arbeitsgemeinschaft.

Info:
Ein gemeinsam herausgegebenes Jahresprogramm mit Angeboten und Adressen der Mitglieder kann bei o. g. Adresse angefordert werden.

Petra Arnold

Anne-Frank-Str. 22

Telefon: 02104 – 93 61 43
Fax: 02104 – 93 61 44

40699 Erkrath

Leitung:
Petra Arnold, Sonderpädagogin, Gestalttherapeutin, Seelsorgerin und Kindertherapeutin

Angebot:
◇ Arbeit mit Kindern
  ▷ Spiel- und verhaltenstherapeutische Methoden, Beratungsgespräche mit den Eltern und Lehrern, familiensystemische Gespräche
◇ Arbeit mit Erwachsenen
◇ Arbeit mit Paaren
◇ Supervision für Lehrer und Seelsorger
Das Angebot besteht seit 1997.

Arbeitsgrundlage/Methoden:
◇ Gestalttherapie, Gespräche, Wahrnehmungsübungen, kreative Medien, Seelsorge nach Sandford

Stellenbesetzung:
Petra Arnold, Sonderpädagogin, Gestalttherapeutin, Seelsorgerin und Kindertherapeutin

Info:
Prospekt auf Anfrage

AWW Beratungsstelle Berlin-Pankow,
Eichenstr. 60, 13156 Berlin
AWW Beratungsstelle Berlin-Steglitz,
Ahornstr. 27, 12163 Berlin
AWW Beratungsstelle Neuenhagen,
Jahnstr. 11, 15366 Neuenhagen

Telefon: Berlin-Steglitz:	030 – 81 41 39 2
Neuenhagen:	03342 – 24 76 79
Fax Nr.:	03342 – 24 76 78

Leitung:
Dr. Andreas Bochmann, Pastor, Seelsorgeberater, Supervisor (DGSV)

Angebot:
◇ Einzelberatung in Lebensfragen. Bewältigung von Problemen und Nöten im seelischen und zwischenmenschlichen Bereich
◇ Eheberatung und Ehevorbereitung
◇ Gruppen und Seminare:
　▷ Trauerbewältigung, Paar- und Elterngruppen, Lebens- und Sinnfragen, Raucherentwöhnung, Stressbewältigung etc.
◇ Konsultation und Supervision:
　▷ Begleitung von Einzelpersonen und Organisationen, die über ihre Arbeit mit einem Außenstehenden reflektieren möchten.
Es wird keine Schwangerschaftskonfliktberatung und keine krankenkassenzugelassene Psychotherapie angeboten. Telefonische Terminvereinbarung erforderlich.

Arbeitsgrundlage/Methoden:
Auf der Grundlage eines ganzheitlichen biblischen Menschenbildes und aus christlicher Verantwortung bieten Mitarbeiter Seelsorge und Beratung nach allgemein anerkannten beraterischen und therapeutischen Konzepten an. Unter bewusster Einbeziehung »im Leben stehender Laien« (mit entsprechender Qualifikation) wird besonders auf Möglichkeiten der Prävention geachtet. Eine enge Kooperation besteht zwischen dem AWW und dem Deutschen Verein für Gesundheitspflege e.V., der Theologischen Hochschule Friedensau und der Deutschen Gesellschaft für Biblisch Therapeutische Seelsorge e.V. (DGBTS).

Stellenbesetzung:
1 vollzeitlicher Leiter, ein wachsender Stamm teilzeitlicher und ehrenamtlicher Mitarbeiter, darunter 2 Pastoren, 1 Krankenschwester, 1 Sozial-

arbeiterin sowie weitere Mitarbeiter in Ausbildung bei der DGBTS und anderen Ausbildungsträgern

Info:
Träger der Beratungsstellen ist das Advent-Wohlfahrtswerk in Berlin e.V. bzw. das Advent-Wohlfahrtswerk im Land Brandenburg e.V. Das AWW ist Mitglied im Paritätischen Wohlfahrtsverband.

B-C-S Michael Haus   **Telefon: 06181 – 18 95 91**
Beratung – Coaching – Supervision   **e-mail: bcs-mhaus@**
Friedrich-Schnellbacher-Str. 3   **t-online.de**

63452 Hanau

Leitung:
Michael Haus, Theologe (ev.), Psychologischer Berater ITS – Ruthe (R. Ruthe/L. Ruthe-Preiss), berufsbegleitendes Sudium der Sozialen Verhaltenswissenschaften bei Prof. Dieterich (IPS), QM-Auditor im Sozial- und Gesundheitswesen i.A.

Angebot:
◇ B-C-S bietet ambulante psychologische Beratung als Hilfe zur Aufarbeitung und Überwindung sozialer und individueller Lebenskonflikte, z.B.:
▷ wenn sich in Partnerschaft, Familie, Beruf oder im Glaubensleben Situationen häufen, die der eigenen Vorstellung zuwiderlaufen;
▷ wenn Streit eskaliert und sich Krisen häufen;
▷ wenn Lösungsversuche immer wieder in die gleichen Sackgassen führen;
▷ wenn sich das Gefühl einstellt, gefangen, erschöpft und überfordert zu sein;
▷ wenn Angst und depressive Zustände das Zusammenleben belasten;
▷ wenn es zu Problemen mit der Sexualität kommt. Die psychologische Beratung erfolgt je nach Besonderheit in Form von Einzel-, Paar und Familiengesprächen oder auch in Gruppen. B-C-S bietet darüber hinaus Coaching und Supervision an.

Arbeitsgrundlage/Methoden:
◇ B-C-S hat die Bibel als Grundlage und Leitlinie und behält den ganzen Menschen im Blick, weil Leib, Seele und Geist eine schöpfungsgemäße Einheit sind.
◇ B-C-S bedient sich dabei humanwissenschaftlicher Erkenntnisse. Je nach Problematik und Beratungsphase kommen verhaltens-, gesprächstherapeutische oder tiefenpsychologische Ansätze zur Anwendung.

Stellenbesetzung:
Michael Haus, Theologe (ev.), Psychologischer Berater, berufsbegleiten-

des Studium der Sozialen Verhaltenswissenschaften bei Prof. Dieterich (IPS), QM-Audior im Sozial- und Gesundheiswesen i.A.

Info:
B-C-S besteht seit 1993 in Hanau und ist seit 1997 Teil eines breiteren Dienstleistungsangebotes, u.a. bundesweite Beratungs-, Vortrags- und Auditorentätigkeit in Qualitätsmanagement im Sozial- und Gesundheitswesen. – Michael Haus gehört mit seiner Familie zur Freien evangelischen Gemeinde in Hanau.

Beratungsstelle Hosanna

Feldstr. 77

Telefon: 02043 – 71 59 5
e-mail: Hosanna@gmx.de

45968 Gladbeck

Leitung:
Dr. med. Bernhard Stoll, Arzt

Angebot:
◇ Unser Angebot steht seit 1997 Christen und Nichtchristen (Erwachsenen, Jugendlichen) gleichermaßen zur Verfügung. Aus diesem Grund bieten wir neben der bibelorientierten Seelsorge auch die psychologische Beratung an, außerdem Christliche Integrative Psychotherapie.
◇ Einzel-, Paar- und Familienberatung für Menschen mit
  ▷ Ehe- und Familienproblemen
  ▷ Erziehungsschwierigkeiten
  ▷ Sinn- und Lebenskrisen
  ▷ Schwächung der seelischen Kraft (burn out)
  ▷ psychosomatischen/psychovegetativen Störungen
  ▷ seelischen Erkrankungen (z.B. Depressionen, Ängste, Zwänge)
  ▷ Schwierigkeiten im Beruf (z.B. Mobbing)
  ▷ Glaubenskrisen
  ▷ Weiter- und Nachbehandlung nach einer stationären psychotherapeutischen Behandlung
  ▷ Beratungen und Schulungen für Gemeinden

Arbeitsgrundlage/Methoden:
◇ Bibelorientierte Seelsorge, Gebetsseelsorge nach Elija House/Sandford
◇ Christliche Integrative Psychotherapie in Anlehnung an De'Ignis
◇ Testinstrumentarium »Prepare/Enrich« zur Ehevorbereitung und Eheberatung
◇ Entwicklung und Unterstützung gesundheitsfördernden Verhaltens
◇ Einbeziehung von medizinischen Erkennnissen (insbesondere über die Entstehung und Therapie von psychischen Erkrankungen und psychosomatischen Beschwerden)
◇ Praxisnahe Konzepte aus Pädagogik und Psychologie (soweit sie nicht im Widerspruch zur Bibel stehen)

Stellenbesetzung:
Dr. med. Bernhard Stoll, Facharzt für öffenliches Gesundheitswesen, Sozialmedizin, Christliche Integrative Psychotherapie De'Ignis. Elke Stoll, Erzieherin, Seelsorgerin.

Beratungs- und Hilfsstelle für
Schwangere und Familien des
Diakonischen Werkes e.V.
Marienberg

Telefon: 03735 – 22 16 4
Fax: 03735 – 22 16 4

Töpferstraße 1

09496 Marienberg/Erzgeb.

Leitung:
Gudrun Schaarschmidt (Beraterin zum Schwangeren- und Familienhilfe-
gesetz), Sozialarbeiterin

Angebot:
◇ Psychosoziale Fachberatung, Information und Hilfe
  ▷ Schwangerschaftskonfliktberatung nach § 218
  ▷ Information, Aufklärung und Beratung über die Natürliche Emp-
    fängnisregelung durch international anerkannte Berater
  ▷ Vermittlung von zeitweiligem Wohnen in Mutter-Kind-Häu-
    sern
  ▷ Patenschaftliche Begleitung über die Geburt hinaus durch Frauen
    des Vereins zum Schutz des Lebens
  ▷ Informationen zum Adoptionsrecht
  ▷ Antragstellung Bundesstiftung »Hilfe für Familien, Mutter und
    Kind«
  ▷ Antragstellung kirchlicher Hilfsfond »Familien in Not«
  ▷ Antragsstellung Landesstiftung »Familien in Not« (auch unab-
    hängig von einer Schwangerschaft)
  ▷ Kurvermittlung und Beratung – Müttergenesung
  ▷ Antragsbearbeitung – Familienerholung

◇ Zentralstelle für sexualethische Information und Aufklärung:
  ▷ Schulunterricht zu den Themen: Das Leben vor der Geburt/Ab-
    treibung/Empfängnisregelung/Partnerschaft
  ▷ Organisation & Durchführung von öffentlichen Veranstaltungen
  ▷ Auslage und Verteilung von Informationsschriften in Arztpraxen,
    Ämtern, Clubs etc.
  ▷ Organisation, Beteiligung an und Durchführung von Ausstellun-
    gen, Fachvorträgen, Seminaren zum Thema Familie

Das Angebot besteht seit 1990.

Arbeitsgrundlage:
Staatlich anerkannte Schwangerschaftskonfliktberatungsstelle; alle Mitarbeiterinnen sind bekennende Christen und tun ihren Dienst im Vertrauen auf Jesus Christus.

Stellenbesetzung:
4 Mitarbeiter: 2 Sozialarbeiter, 1 Psychologin (mit BTS-Zusatzausbildung), 1 Verwaltungskraft/Sachbearbeiterin

Beratung und Lebenshilfe e.V.
Ev.-Freikirchl. Beratungsarbeit
Berlin - Brandenburg

Borkumstraße 22

13189 Berlin

Telefon: 030 - 47 90 99 90
Fax: 030 - 47 33 92 1
homepage:
www.beratung-lebenshilfe.de

Pankow

Evangelische Beratungsstelle Pankow, Beratung in Ehe-, Famlien-, Erziehungs- und Lebensfragen und im Schwangerschaftskonflikt, Borkumstr. 22, 13189 Berlin, Tel.: 030 – 47 33 92 0/-21, Fax: 030 – 47 33 921, e-mail: EBSPankow@t-online.de

Pankow/Zehlendorf

Evangelische Beratungsstelle/Außenstelle Zehlendorf, Beratung in Ehe- und Lebensfragen, Stephanus-Haus, Mühlenstr. 49, 14167 Berlin, Anmeldung über Tel: 030 – 47 33 92 0/-21, e-mail: EBSPankow@t-online.de

Wittstock

Ev. Beratungsstelle Wittstock, Psychologische Beratung in Ehe-, Familien-, Erziehungs- und Lebensfragen, Röbeler Str. 14, 16909 Wittstock, Tel./Fax: 03394 – 43 37 84

Bezirksstelle Mitte

Allgemeine Soziale Beratung, Tieckstr. 17, 10115 Berlin, Tel.: 030 – 28 27 75 7, Fax: 030 – 28 32 939

Beratungsprojekt Lichtenberg:

Beratungsstelle für Menschen in Wohnungsnot, Schottstr. 6, 10365 Berlin, Tel: 030 – 55 00 911 8/19, Fax: 030 – 55 00 91 28, e-mail: BPLiberg@t-online.de

DOMSEELSORGE

Lebensberatung-Krisenhilfe-Seelsorge am Berliner Dom, Lustgarten, 10178 Berlin, Tel: 030 – 20 26 91 68/7, Fax: 030 – 20 26 91 69, e-mail: Domseelsorge@t-online.de

Marzahn

Evangelische Beratungsstelle Marzahn, Psychologische Beratung in Ehe-, Familien-, Erziehungs- und Lebensfragen und im Schwangerschaftskonflikt (gemäß § 218/219), Basdorfer Str. 8, 12679 Berlin, Tel.: 030 – 9 35 20 63, Fax: 030 – 9 35 20 65, e-mail: EBSMarzahn@t-online.de

Bezirksstelle Hohenschönhausen

Allgemeine Soziale Beratung, Konrad-Wolf-Str. 102, 13055 Berlin, Tel.: 030 – 9 71 40 88/87, Fax: 030 – 9 71 40 87, e-mail: BSHohsch@t-online.de

Bezirksstelle Lichtenberg

Allgemeiner Sozialer Dienst, Nöldnerstraße 43, 10317 Berlin, Tel.: 030 – 5 22 08 16, Fax: 030 – 5 10 70 45

Zehdenick

Ev. Beratungsstelle Zehdenick, Psychologische Beratung in Ehe-, Familien-, Erziehungs- und Lebensfragen und im Schwangerschaftskonflikt (gemäß § 218/219), Im Kloster 1, 16792 Zehdenick, Tel.: 033 07 – 31 00 12, Fax: 0 33 07 – 31 69 87

Sozialprojekt Schneckenhaus

Kontakt- und Beratungsstelle, Gethsemanestraße 9, 10437 Berlin, Tel.: 030 – 4 44 75 65

GISA

Gemeinwesenarbeit zur Integration von (Spät-)Aussiedlern (GISA) im Landkreis Oberhavel, Lehnitzstr. 32, 16515 Oranienburg, Tel.+ Fax: 0 33 01 – 53 50 08, Tel: 030 – 20 45 38 58, e-mail: WSchm@t-online.de

Christliches Sozialwerk Lazarus e.V.

Tagesstätte für sozial Bedürftige und Obdachlose, Greifenhagener Straße 15, 10437 Berlin, Tel: 030 – 4 45 75 06, Fax: 030 – 44 73 84 58

Beratungsstelle für
heilkundliche Psychotherapie und
Biblisch-Therapeutische Seelsorge
Monika Glaschick

Telefon: 035436 – 23 7

Wußna 33a

03205 Laasow

Leitung:
Monika Glaschick, Heilpraktikerin für heilkundliche Psychotherapie,
Biblisch-Therapeutische Seelsorgerin

Angebot:
◇ Biblisch-Therapeutische Seelsorge für Einzelpersonen und Paare in
   den Bereichen:
   ▷ Hinterbliebenenberatung, Verlustbewältigung
   ▷ Persönlichkeits- und Krisenbewältigung
   ▷ Hemmungen und Selbstwertprobleme
   ▷ Belastungs- und Anpassungsstörungen
   ▷ Depressive Verstimmungen, Ängste und Zwangsgedanken
   ▷ Zielorientierung
   ▷ Lebensstil und Persönlichkeitsstruktur
   ▷ Gruppengesprächsangebot
◇ Einzel- und Paarberatung, ab jungem Erwachsenenalter
Das Angebot besteht seit 1999.

Arbeitsgrundlage/Methoden:
◇ Psychotherapie und Seelsorge entsprechend der Methodenvielfalt und
   nach therapeutischen Grundlagen der DGBTS.

Stellenbesetzung:
Monika Glaschick, Heilpraktikerin für heilkundliche Psychotherapie,
Biblisch-Therapeutische Seelsorgerin

Beratungsstelle für Lebens-
und Beziehungsfragen

Telefon: 05561 – 99 97 70
Fax: 05561 – 99 97 71

Papenstr. 1 b

37574 Einbeck

Leitung:
Pastor Helmut Donsbach; Ehe-, Familien- und Lebensberater (EKFuL)

Angebot:
◇ Ehe- und Paarberatung
◇ Familienberatung
◇ Einzelberatung
Das Angebot besteht seit 1999.

Arbeitsgrundlage/Methoden:
◇ Psychoanalytisch orientierte Beratung
◇ Gestaltberatung
◇ Systemische Familientherapie
◇ Seelsorge

Stellenbesetzung:
◇ Pastor (Ehe-, Familien- und Lebensberater)
◇ Pastorin (Gestalttherapeutin)
◇ weitere Honorarkräfte

Info:
Träger: Ev.-Freikirchl. Arbeitskreis für christliche Sozialarbeit e.V., Mitglied im Diakonischen Werk, Mitglied der Arbeitsgemeinschaft Ev.-Freikirchl. Beratungsstellen

**Beratungsstelle für Lebens-
und Beziehungsfragen**

Kirchröder Str. 46

30559 Hannover

**Telefon: 0511 - 95 49 88 8
(nicht für vertrauliche
Mitteilungen)
Fax: 0511 - 95 49 85 2**

**Nebenstelle für Suchtberatung:
Nienburger Str. 15
31535 Neustadt a. Rbge.**

Tel.: 05032 - 91 45 18
Leitung: Pastor Gert Höhne,
Sozialtherapeut

Leitung:
Pastor Helmut Donsbach; Ehe-, Familien- und Lebensberater (EKFuL)

Angebot:
◇ Ehe-/Paarberatung
◇ Familienberatung
◇ Einzelberatung
◇ Suchtberatung

Arbeitsgrundlage/Methoden:
◇ Psychoanalytisch orientierte Gesprächsführung
◇ Systemische Familientherapie
◇ Logotherapie
◇ Gestaltberatung
◇ Seelsorge

Stellenbesetzung:
6 Mitarbeiter/innen (1 hauptamtlich):
2 Pastoren mit familien- bzw. sozialtherapeutischen Zusatzausbildungen,
1 Logotherapeutin, 1 Ehe- und Lebensberaterin, 1 Sozialtherapeutin,
1 Trauerbegleiterin

Info:
Träger: Evang.-Freikirchl. Sozialwerk Hannover e.V., Mitglied in der
Arbeitsgemeinschaft Ev.-Freikirchl. Beratungsstellen in Deutschland

Beratung und Psychotherapie   Telefon: 02361 – 77 02
Brigitte Gahr   Fax: 02361 – 7794

Lichtenberger Str. 30

45661 Recklinghausen

Leitung:
Brigitte Gahr, Dipl.-Sozialpädagogin, Gesprächstherapeutin (GwG), approbierte Kinder- und Jugendlichenpsychotherapeutin

Angebot:
◇ Beratung und Psychotherapie für Jugendliche und Erwachsene;
  ▷ Unterstützung in unterschiedlichen Lebens- und Problemsituationen wie Identitätsprobleme, mangelndes Selbstwertgefühl, Gewalterfahrungen, Ängste, Depressionen, Verlusterfahrungen, Sinnsuche und Glaubensfragen, Beziehungsprobleme, psychosomatische Beschwerden
◇ Erziehungsberatung für Eltern
Das Angebot besteht seit 1995.

Arbeitsgrundlage/Methoden:
Klientenzentrierte Psychotherapie

Stellenbesetzung:
Brigitte Gahr, Dipl.-Sozialpädagogin, Gesprächstherapeutin (GwG), approbierte Kinder- und Jugendlichenpsychotherapeutin, gruppendynamische Leiterinausbildung (DAGG), heilpraktisch-psychotherapeutische Zulassung.

Info:
Prospekt auf Anfrage

Beratungsstelle Jakobsbrunnen

Heinrich-Böll-Str. 46

51371 Leverkusen

Telefon: 0214 – 82 02 09 4
Fax: 0214 – 82 02 09 5
e-mail: Jakobsbrunnen@
aol.com
homepage:
Jakobs-Brunnen.de

Leitung:
Bettina Giebeler, Christliche Therapeutin (IACP), Psychotherapie (HPG)

Angebot:
◇ Einzel- und Paarberatung/Christliche Therapie
◇ Gruppenselbsterfahrung zur Heilung von Identitäts- und Beziehungsstörungen
◇ Seminare mit Kleingruppen
◇ Vorträge
◇ Seelsorgeschulung Arbeitsgrundlage/Methoden:
  ▷ nach dem Konzept der IGNIS-Akademie
  ▷ mit selbstentwickeltem Arbeitsbuch »Life pur«
  ▷ Anbetung – Lehrdialog – Gebet um innere Heilung

Stellenbesetzung:
Lehr- und Seminararbeit: Thomas Giebeler, Christlicher Berater (IACP), Ingenieurbüro für Haustechnik
Einzel- und Gruppentherapie sowie Seminare/Vorträge: Bettina Giebeler, Christliche Therapeutin (IACP), Psychotherapeutin (HPG)
Fürbitteteam: Ute Ziskoven, Handelsschullehrerin

Info:
Herausgeber des Arbeitsbuches »Life pur«. Gruppenselbsterfahrung zur Heilung von Identitäts- und Beziehungsstörungen

Beratungs- und Therapiezentrum Schwarzwaldpark Psychotherapeutische Ambulanz für Erwachsene, Ambulanz für Kinder, Jugendliche und deren Eltern

Lauterbadstr. 35-39

72250 Freudenstadt

Telefon: 07441 – 92 9-321 (Sanatorium für Psychotherapie und Seelsorge) Telefon: 07441 – 92 9-105 (Ambulanz für Kinder und Jugendliche) Fax: 07441 – 92 9-399 e-mail: herberge@bts.de homepage: www.bts.de

Leitung:
Dr. med. Matthias Samlow, Arzt für Psychiatrie; Dr. Jörg Dieterich, Pädagoge und Psychologe (Ambulanz für Kinder, Jugendliche und deren Eltern)

Angebot:
◇ Die Ambulanz im Beratungs- und Therapiezentrum Schwarzwaldpark steht seit 1997 für Menschen mit seelisch-körperlichen Leiden und Problemen offen, die eine Psychotherapie vor dem Hintergrund eines christlichen Menschenbildes wünschen bzw. den Glauben in ihre ärztlich-psychologische Therapie einbeziehen wollen. Behandelt werden Menschen mit Depressionen, Erschöpfungszuständen, Ängsten, Zwangsstörungen, Persönlichkeitsstörungen, Essstörungen, Suchtstörungen, Ehe- und Familienkonflikten, Zuständen nach psychotischen Episoden und geistlichen Krisen. Für die Behandlung von Kindern und deren Eltern besteht ein spezielles Angebot.

Arbeitsgrundlage/Methoden:
Das Beratungs- und Therapiezentrum Schwarzwaldpark ist ein Arbeitszweig der Deutschen Gesellschaft für Biblisch-Therapeutische Seelsorge (DGBTS). Die Seelsorge beruht auf den Grundannahmen, dass Gott existiert, dass ER geschaffen hat und sich mitteilt und dass Jesus Christus als Sohn Gottes die Voraussetzungen für den Menschen geschaffen hat, in Gemeinschaft mit Gott zu leben. Die zum Einsatz kommende Psychotherapie entspricht den wissenschaftlichen Erkenntnissen der modernen psychologischen Medizin und Psychologie. Wir überprüfen die verschiedenenen Therapiemethoden – auch in ihren neueren Entwicklungen – auf ihre Wirksamkeit und ihre Übereinstimmung mit den Werten des christlichen Glaubens. Jede dieser Methoden hat ihre spezifischen Stärken. Konsequenterweise wenden wir sie störungsspezifisch, d.h. variabel, auf die individuelle Problemsituation an. Dies sind insbesondere Methoden aus der Gesprächspsychotherapie, Verhaltenstherapie, Existenzanalyse und Logotherapie, Tiefenpsychologie und Familientherapie.

Stellenbesetzung:
- ▷ Gesamtleitung des Zentrums: Prof. Dr. Michael Dieterich (Lehrstuhl f. Psychotherapie)
- ▷ Medizinische Leitung: Dr. med. Matthias Samlow (Arzt für Psychiatrie)
- ▷ Psychologische Leitung: Ulrich Giesekus, Ph. D. (Klinischer Psychologe)
- ▷ Ambulanz für Kinder, Jugendliche und deren Eltern: Dr. Jörg Dieterich (Pädagoge und Psychologe)
- ▷ Diplom-Psychologen, Theologen und Sozialpädagogen mit therapeutischer Zusatzausbildung
- ▷ Biblisch-Therapeutischer Seelsorger

Jutta Berg **Telefon: 05303 – 52 63**

Im Winkel 9

38179 Schwülper

Leitung:
Jutta Berg, Tanz- und Bewegungstherapeutin, tiefenpsychologisch fundiert (HPG)

Angebot:
◇ Beratung (Einzel- und Gruppentherapie) in folgenden Bereichen:
  ▷ Depressionen
  ▷ Essstörungen
  ▷ Psychosomatischen Beschwerden und anderen Belastungsreaktionen (Missbrauch, Trennung, Entwurzelung)
  ▷ Allgemeine Lebenskrisen
  ▷ Persönlichkeitsentwicklung
Das Angebot besteht seit 1999.

Arbeitsgrundlage/Methoden:
◇ Aufspüren unbewusster Festlegungen
◇ Ausdrucksmöglichkeiten im nicht-verbalen Bereich
◇ Integrative Konfliktbearbeitung

Stellenbesetzung: Jutta Berg

Betreutes Wohnen   Telefon: 03943 – 63 27 24
für Suchtkranke   Fax: 03943 – 63 22 38

Degener Str. 8

38855 Wernigerode

Träger:
Diakonie-Krankenhaus »Neuvandsburg« GmbH, ein Unternehmen des
Deutschen Gemeinschaftsdiakonieverbandes Marburg

Leitung:
Klaus-Dieter Krebs

Angebot:
◇ Betreutes Wohnen, Kostenträger Sozialhilfeträger, 32 Plätze:
  ▷ Einzelzimmer im Haupthaus Degenerstraße, Wohngemeinschaf-
    ten im Stadtgebiet
  ▷ Wohndauer bis zu 5 Jahren
  ▷ Ziel: Verselbstständigung bei Abstinenz

Arbeitsgrundlage/Methoden:
◇ Kontinuierliche Betreuung (Einzelkonsultation und Hausplenum)
◇ Unterstützung bei sozialen Regelungen
◇ Vermittlung von Arbeitsmaßnahmen, Praktika, Fortbildung
◇ Freizeitangebot
◇ Beschäftigungsmaßnahmen innerhalb des Betreuten Wohnens
◇ Fachärztliche und allgemeinmedizinische Betreuung
◇ Orientierungsangebot auf biblisch-seelsorgerlicher Grundlage

Stellenbesetzung:
Diplom-Sozialarbeiter, Sozialpädagogen, Praktikanten, Zivildienstleistende

Info:
Mitgliedschaft: Fachverband Sucht, EFAS
Diakonisches Werk der Kirchenprovinz Sachsen-Anhalt
Prospekt über den Therapieverbund der Diakonie-Krankenhaus »Neu-
vandsburg« GmbH

**Biblische Seelsorge
und Lebensberatung**

Am Flensunger Hof 2

35325 Mücke

**Telefon: 06400 – 5 09 96
Fax: 06400 – 5 09 92
e-mail: bsl.muecke@
chrischona.org**

Leitung:
Heinrich Kaufmann (Therapeutischer Seelsorger/ITS), Bernhard Kuhl
(Eheberater/DAJEB)

Angebot:
◇ Beratung »Christliche Beratungsstelle Mücke«
   ▷ bei persönlichen Konflikten
   ▷ bei Ehe- und Familienproblemen
   ▷ bei Lebens- und Glaubensfragen
◇ Vermittlung an andere Seelsorger oder Einrichtungen
◇ Vorträge und Seminare/Schulungen in Gemeinden und bei anderen
   Anlässen
◇ Gesprächsgruppen
Das Angebot besteht seit 1988.

Arbeitsgrundlage/Methoden:
Lebensberatung auf biblischer Grundlage durch fachlich geschulte und
durch Supervision begleitete Mitarbeiter (Therapeutische Seelsorger nach
ITS – Ruthe/R. Ruthe/L. Ruthe-Preiss); Lebens- und Eheberater DA-
JEB, Transaktionsanalyse nach Dr. Hans Bürki)

Stellenbesetzung:
Zwei hauptamtliche Mitarbeiter, vier Honorarkräfte sowie einige ehrenamtliche Mitarbeiter/innen

Info:
Von Heinrich Kaufmann liegen folgende Veröffentlichungen vor: »Unsi-
cherheiten als Chance« – Typbedingte Ängste und was sie uns sagen wollen; »Depressionen – was tun?« – Ein kleiner Leitfaden für Angehörige;
»Gegensätze ziehen sich an« – Konflikte lösen in der Ehe

Broschüren:
»Christliche Beratungsstelle«; »Biblische Seelsorge und Lebensbera-
tung«. Ein regelmäßig erscheinender *Freundesbrief* informiert über die
Arbeit; Mitglied der Association of Christian Counsellors (ACC)

Birkenhof   Telefon: 06045 – 27 29
Christliches Lebenszentrum   Fax: 06045 – 59 11
Übergangseinrichtung für
psychisch kranke Menschen

Weningser Str. 51

63688 Gedern

Leitung:
Werner Sarlea, Erziehungswissenschaftler

Angebot:
◇ Rehabilitationseinrichtung für junge Menschen, die nach einer länge-
   ren psychischen Erkrankung den Weg in eine gesunde Lebensführung,
   ein selbstständiges Wohnen und möglichst eine Berufstätigkeit finden
   wollen. Dies alles an den Grundsätzen einer christlichen Lebensfüh-
   rung orientiert. Das Arbeitstraining gliedert sich in 4 Bereiche:
   ▷ Hauswirtschaft
   ▷ Landwirtschaft
   ▷ Gartenbau
   ▷ Kreatives Gestalten und Werken
◇ Einzel- und Gruppengespräche
Der Birkenhof wurde von 1980 von Pfarrer Ludwig, Darmstadt und Pfar-
rer Leinberger, Büdingen gegründet. Das Angebot besteht seit 1981. Die
Einrichtung stellt 10 Plätze zur Verfügung.

Arbeitsgrundlage/Methoden:
◇ Andachten
◇ Arbeitstraining
◇ Gestalttherapie
◇ Gesprächstherapie (Einzel- und Gruppengespräche)

Stellenbesetzung:
1 Dipl.-Sozialarbeiterin/Krankenschwester, 1 Krankenschwester, 1 Ergotherapeut, 1 Hauswirtschafterin

Info:
Der Birkenhof ist Mitglied der ACL (Arbeitsgemeinschaft Christlicher
Lebenshilfen)

Blaues Kreuz in Deutschland e.v.
– Bundesgeschäftsstelle –

Postfach 20 02 52

42202 Wuppertal

(Freiligrathstraße 27
42289 Wuppertal)

Telefon: 0202 – 62 00 34 0
Fax: 0202 – 62 00 38 1

e-mail: bkd
@blaues-Kreuz.de

homepage:
www.blaues-Kreuz.de

Leitung:
Hermann Hägerbäumer (Bundesgeschäftsführer, Prediger, Sozialtherapeut)

Angebot:

◇ Bei der o. g. Anschrift können Adressen der Beratungsstellen (über 30
im Bundesgebiet), der Fachkliniken zur stationären Behandlung Alkoholkranker, der Rehabilitationseinrichtungen, Wohnheime und Be-
gegnungsstätten (alkoholfreie Cafés u.ä.) erfragt werden, außerdem
die Adressen von ca. 1000 ehrenamtlichen Helfern und ca. 1000
Selbsthilfegruppen im ganzen Bundesgebiet sowie Adressen zur
Prävention (z.B. Jugendarbeit).

◇ In den verschiedenen Bundesländern werden Seminare im Rahmen
der »Grundausbildung und Weiterbildung für die freiwillige Suchtkrankenhilfe« durchgeführt, ferner werden unterschiedliche thematische Seminare sowie spezielle Seminare zur betrieblichen Suchtkrankenhilfe angeboten. Zielgruppe: Alkoholkranke und ihre Angehörigen, ohne Altersbegrenzung, jedoch altersspezifisch; Interessierte und
Helfer auf dem Gebiet der Suchtkrankenhilfe.

Arbeitsgrundlage/Methoden:

◇ Das Blaue Kreuz arbeitet überkonfessionell, weiß sich jedoch der
Evangelischen Allianz und dem Gnadauer Verband eng verbunden.
Es arbeitet mit Kirchen, Freikirchen und Gemeinschaften sowie den
Einrichtungen der Diakonie zusammen. Arbeitsgrundlage ist die Botschaft der Liebe Gottes, die allen Menschen gilt; eine enge Verzah-
nung von Seelsorge und Therapie wird in allen Bereichen der Arbeit
angestrebt, sei es nun der große Bereich der Selbsthilfe (ca. 20.000 Personen werden dadurch erreicht) oder der Bereich der professionellen

Suchtkrankenhilfe in den unterschiedlichen Einrichtungen. Methoden: Verkündigung des Evangeliums, Therapie und Seelsorge in Gruppen- und Einzelgesprächen.

Stellenbesetzung:
In allen Einrichtungen zusammen ca. 150 Mitarbeiter im seelsorgerlich-therapeutischen Bereich Berufsgruppen: Sozialarbeiter, -pädagogen, Psychologen, Theologen, Bibelschüler, Arbeits- und Beschäftigungstherapeuten, Sozialtherapeuten.

Info:
Mitgliedschaft im Diakonischen Werk der Ev. Kirche. Periodika: Monatszeitschrift Blaues Kreuz Verteilblatt:»Rettung«/»Füreinander«, Verlagsverzeichnis für Fachliteratur, Glaubens- und Lebenshilfe, Jahresverzeichnis der Seminare, Besinnungswochen, Freizeiten

Beate und Paul Bleher

An der Steige 47

73642 Welzheim

Telefon: 07182 – 92 97 16
Fax: 07182 – 92 97 17
e-mail: Christliche.
Lebensberatung@gmx.de

Leitung:
Paul Bleher, Diakon und Notar

Angebot:
◇ Christliche Lebensberatung für Kinder, Jugendliche und Erwachsene einschl. Senioren,
◇ für Paare, Eltern und Familien
◇ Neben Seelsorge, Beratung und Therapie wird auch Mentoring und Persönlichkeitsbildung angeboten.
◇ Mitleben im Haus einschließlich Familienanschluss
Das Angebot besteht seit 1995.

Arbeitsgrundlage/Methoden:
▷ Christliches Menschenbild (Altes und Neues Testament)
▷ Therapien im Bereich Gespräch, Kognitives Verhalten
▷ Gesprächstherapie, Kognitive Seelsorge und Verhaltenstraining

Stellenbesetzung:
Paul Bleher, Theologe und Jurist, Christl. Berater und Christlicher Therapeut in Ausbildung (IACT), IGNIS-Akademie, Kitzingen; Beate Bleher Sozialpädagogin, Sozialpäd. Familienhelferin

Angelika Böckmann

Breslauer Str. 6

Telefon: 0571 – 71 05 01
Fax: 0571 – 71 05 01

32457 Porta Westfalica

Leitung:
Angelika Böckmann, Psychologische Beraterin

Angebot:
◇ Referentin bei Frauentagen, Frauenfrühstückstreffen, Seminaren etc.
◇ Lebensberatung und Seelsorge
◇ Schulungen, Seminare

Arbeitsgrundlage/Methoden:
◇ Ausbildung im Magnus-Felsenstein-Institut ITS – Ruthe (R. Ruthe/
   L. Ruthe-Preiss), Ausbildung beendet 1991
◇ Individualpsychologie nach A. Adler
◇ RET (Rational Emotive Therapie)

Stellenbesetzung:
Angelika Böckmann, Psychologische Beraterin

Info:
Mitglied im »Freien Verband deutscher Psychologen und Psychologischer
Berater e.V.«, Mitglied im »Netzwerk der Berater und Beraterinnen der
Evangelisch-Freikirchl. Gemeinden in Ostwestfalen Lippe.«
Buchautorin: 1) »Gut, dass es dich gibt. Einander verstehen, einander an-
nehmen trotz Unterschiedlichkeit«, Verlag Gerth Medien. 2) »Meine
Mutter und ich« – Als Frau eine reife Beziehung zur eigenen Mutter
aufbauen, Verlag Gerth Medien.
◇ Infoprospekt über Themen bei Frauenfrühstückstreffen kann angefor-
   dert werden.

Rose-Marei Bösche
Praxis für Psychotherapie und
Biblisch-Therapeutische Seelsorge

Nordhorner Str. 19

30539 Hannover

Telefon: 0511 – 95 24 460 (p)
Telefon: 0511 – 95 26 464 (d)
Fax: 0511 – 95 26 46 4
e-mail: **RMBoesche@**
aol.com

Leitung:
Rose-Marei Bösche, Psychotherapeutin (HPG), Biblisch-Therapeutische
Seelsorgerin, Supervisorin (DGBTS)

Angebot:
Für Menschen, die in ihrer Lebenssituation therapeutische und seelsorger-
liche Hilfe benötigen in den Bereichen:
◇ Ängste, Zwänge, Schuldgefühle, Depressionen
◇ Dauerkonflikte im Beziehungsumfeld (Beruf, Freundschaften, Ge-
  meinde)
◇ Konflikte in Ehe und Familie
◇ Sinn- und Lebenskrisen
◇ Beratung, Therapie und Seelsorge für:
  ▷ Einzelpersonen
  ▷ Paare (Ehepaarberatung, Prepare/Enrich-Programm zur Vorbe-
    reitung auf die Ehe und für Ehepaare mit oder ohne Kindern)
  ▷ Familien
  ▷ Gruppen (BTS-Frauengruppe)
◇ Supervision für Einzelpersonen, Teams, Gruppen
◇ Vorträge und Seminare in Gemeinden, bei Frauenfrühstückstreffen
  und in der VHS

Arbeitsgrundlage/Methoden:
Grundlage in Beratung, Therapie und Seelsorge ist das Menschenbild der
Bibel. Einbindung bewährter christlich verantwortbarer psychotherapeu-
tischer Methoden (aus der Gesprächspsychotherapie, der Kognitiven und
Verhaltenstherapie, der Individualpsychologie und der Logotherapie) in
das seelsorgerliche Handeln.

Stellenbesetzung:
Über meine eigene Praxistätigkeit hinaus bin ich freie Mitarbeiterin in
der BTS-Beratungsstelle Hannover (Außenstelle der DGBTS), in der außerdem mitarbeiten: 1 Diplom-Psychologin, 2 Psychotherapeutinnen

(HPG), mehrere Biblisch-Therapeutische SeelsorgerInnen in Ausbildung bei der DGBTS.

Info:
Mitglied in der Vereinigung Christlicher Heilpraktiker (VVCHP) und im Verband freier Psychotherapeuten und Psychologischer Berater e.V. (VFP).

CAH
Christlicher AIDS-Hilfsdienst e.V.
Postfach 600 125

Telefon: 069 – 49 01 39
Fax: 069 – 49 01 59
e-mail: cah.ev@gmx.de

60331 Frankfurt/Main

Leitung:
Frau Professorin Dr. Inge Scharrer

Angebot:
◇ Ambulante Krankenpflege für HIV-Infizierte und AIDS-Kranke
◇ Seelsorgerliche Begleitung HIV-Infizierter und ihrer Angehörigen
◇ Beratung zu HIV und AIDS
◇ AIDS-Prävention in Schulen, Krankenhäusern, christl. Gemeinden
◇ Betreutes Einzelwohnen für AIDS-Kranke
◇ Café, Beratung und medizinische Betreuung für Randgruppen im Bahnhofsviertel
◇ Mitarbeit bei der Betreuung von Prostituierten
◇ Besuchsdienst in Krankenhäusern u.a.
Das Angebot besteht seit April 1991.

Arbeitsgrundlage/Methoden:
Alle Mitarbeiter sind entschiedene Christen. Leitbild des CAH ist das Gleichnis vom barmherzigen Samariter. Der CAH nimmt die Aufgabe wahr, in Wort und Tat HIV-infizierten und AIDS-kranken Menschen pflegerische, medizinische, psychosoziale und seelsorgerliche Hilfe zu geben. Die Schulungen und Seminare dienen der Aufklärung über das Krankheitsbild, dem Abbau von Vorurteilen gegenüber Betroffenen und sollen Perspektiven für eigenes Engagement ermöglichen. Die gesamte Arbeit erfolgt auf der Grundlage der Bibel und geht daher von einem biblischen Menschenbild aus.

Stellenbesetzung:
6 hauptamtliche Mitarbeiter: 1 Verwaltungsleiter, 4 examinierte Krankenschwestern, 1 Sozialpädagogin, 8 geschulte ehrenamtliche Mitarbeiter und zeitweise Praktikanten

Info:
Der CAH bietet einmal im Jahr zu bestimmten Themen ein Symposion an Kassetten, bzw. Skripte zu diesen Themen (z.B. Sterbebegleitung) sind bei uns erhältlich. Außerdem können Sie bei uns ausgearbeitete Unterrichtshilfen für LehrerInnen (ab 8. Klasse) zum Selbstkostenpreis von 20,- DM (+ Porto) erhalten.

Christen im Gesundheitswesen

Postfach 228

21518 Aumühle b. Hamburg

Telefon: 041 04 – 49 82
Fax: 041 04 – 72 69
e-mail: Christen im
Gesundheitswesen@
t-online.de
homepage:
www.cig-online.de

Leitung:
Leitungsteam, Ansprechpartner: Günther Gundlach

Angebot:
◇ Vermittlung von vielfältigen Kontakten im Gesundheitswesen
◇ Schulungen, Weiterbildung, Begleitung
◇ Gründung und Unterstützung von Gebetskreisen am Arbeitsplatz
◇ Beratungs- und Vermittlungsdienst
◇ Patienten-Veranstaltungen
◇ Seminarangebot (Akademie) für Christen aus dem Gesundheitswesen aller Berufsgruppen und Konfessionen, Pfarrern, Krankenhausseelsorgern und allen Interessierten sowie Ratsuchenden
Das Angebot besteht seit 1989.

Arbeitsgrundlage/Methoden:
Die Arbeit geschieht auf der Basis der Bibel und des apostolischen Glaubensbekenntnisses.

Stellenbesetzung:
Vier Mitarbeiter in der Geschäftsstelle und ca. 180 ehrenamtliche Mitarbeiter in den z. Zt. 32 Regionalgruppen in Deutschland.

Info:
»Christen im Gesundheitswesen« ist eine bundesweite konfessionsübergreifende Initiative von Mitarbeitern unterschiedlicher Berufsgruppen im Gesundheitswesen.
Sie bietet in 32 Regionen Deutschlands ein Forum zu berufsbezogenem Erfahrungsaustausch und Bearbeitung grundlegender Themen aus Pflege und Therapie auf der Basis des christlichen Glaubens. Sie verbindet Christen aus katholischen, evangelischen und anderen christlichen Kirchen und Gemeinden. Basis der Zusammenarbeit ist die Bibel, das Apostolische Glaubensbekenntnis sowie die Achtung des Einzelnen in seiner jeweiligen Konfessionszugehörigkeit.
»Christen im Gesundheitswesen« ist seit 1989 als gemeinnütziger Verein eingetragen. Die Gesamtverantwortung für die Arbeit liegt in den Händen des Vereinsvorstandes von »Christen im Gesundheitswesen«.

Christlich-Psychologische Beratung

Behmstr. 71

10439 Berlin

Telefon: 030 – 44 56 16 0
Fax: 030 – 44 56 16 0
e-mail: daniel.hess@
t-online.de

Leitung:
Daniel Heß, Christlicher Psychologe (IACP)
Monika Heß, Christliche Psychologin (IACP)

Angebot:
◇ Einzel- und Paarberatung
◇ Seelsorgeschulungen
◇ Vorträge
◇ Projektberatung (z.B. Aufbau einer Gemeinde-integrierten Seelsor-
   gearbeit)
Das Angebot besteht seit 1997.

Arbeitsgrundlage/Methoden:
◇ Christliche Psychologie und Therapie nach dem Konzept von IGNIS

Stellenbesetzung:
2 Christliche Psychologen (IACP)

Christlich Psychologischer Beratungsdienst

Steinweg 20/Georgshof

38518 Gifhorn

Telefon: 05371 - 14 00 77
Fax: 05371 - 14 00 80
e-mail:CPB-Gifhorn@
t-online.de

Leitung:
Christoph Palten, Christlicher Psychologe (IACP), Psychotherapie (HPG)

Angebot:
◇ Ambulante Christliche Therapie und Beratung
◇ Hilfestellung für und Einbeziehung von Laienseelsorgern in die Beratung
◇ Gruppentherapie/Minigruppe f. Männer mit sex. Störungen
◇ Eheberatung
◇ Familien- und Erziehungsberatung
◇ Therapiewoche (Intensivseelsorge in einer Gruppe)
◇ Seminare/Schulung zu verschiedenen seelsorgerlichen Themen
◇ Supervision für Laienseelsorger, Christliche Berater/Therapeuten
◇ Gemeindeberatung
◇ Coaching für Christen und dem Glauben offenstehende Nichtchristen.
Das Angebot besteht seit Oktober 1998 und richtet sich an Kinder, Jugendliche und Erwachsene.

Arbeitsgrundlage/Methoden:
◇ Christliche Beratung und Therapie nach dem Konzept von IGNIS
◇ anthropologische und therapeutische Grundlagen von der Bibel hergeleitet
◇ Verarbeitung weltlicher Fachkompetenzen (Psychologie, Medizin)
◇ Einbeziehung der direkten Führung durch Gott

Stellenbesetzung:
1 Christlicher Psychologe (IACP), 1 Dipl.-Sozialarbeiterin, Christliche Therapeutin i.A. (IACP)

Info:
Träger der Beratungsstelle ist der überkonfessionelle Verein »Christlich Psychologischer Beratungsdienst Gifhorn e.V.«

Christlich Psychologischer **Telefon: 07955 - 77 09**
Beratungsdienst **Fax: 07955 - 77 09**

Kochhecke 3

74599 Wallhausen-Hengstfeld

Leitung:
Hartmut Schott, Christlicher Psychologe (IACP)

Angebot:
◇ Christlich Psychologische Beratung und Therapie für Einzelpersonen, Paare und Familien
◇ Supervision für haupt- und ehrenamtliche Seelsorger
◇ Seminare/Schulungen/Referate
Der Christlich Psychologische Beratungsdienst bietet vor allem für Christen qualifizierte Hilfe im seelsorgerlichen und therapeutischen Bereich an. Als eine fachliche Ergänzung vollzieht sich der Dienst in enger An- und Einbindung in die bereits bestehenden Seelsorgedienste von Kirchen und Freikirchen und steht Personen jeder Altersstufe und Konfession offen. Das Angebot besteht seit 1997.

Arbeitsgrundlage/Methoden:
◇ Christliche Anthropologie, Psychologie und Therapie auf der Grundlage des Konzeptes der IGNIS-Akademie für Christliche Psychologie (IACP)

Stellenbesetzung:
Christlicher Psychologe (IACP)

Info:
Mitglied im Forum Christlicher Psychologen (IACP), der Akkreditierungsliste der IGNIS-Akademie, bei Christen im Gesundheitswesen und ACC Deutschland, der Vereinigung Christlicher Berater und Seelsorger

Christliches Lebenszentrum
Langenburg e.V.

Telefon: 07905 – 12 45
Fax: 07905 – 55 69

Ziegelrain 4

74595 Langenburg

Leitung:
Martin Häberle, Maurermeister
Christina Häberle, Krankenschwester

Angebot:
Seit 1990: Altersgruppe: Junge Erwachsene und Erwachsene
Zielgruppe: Menschen in seelischer Not; Mitarbeiter, die weiterwachsen
wollen
◇ Seelsorgeangebote:
   ▷ Seelsorgetage: 4 Tage biblische Impulse, Themen, Lobpreis, per-
      sönliche Gespräche
   ▷ Mitleben in einer geistlichen Lebensgemeinschaft unter den
      Aspekten Seelsorge, Persönlichkeitsbildung, Lebensperspekti-
      ven; Zeitraum: 1-12 Monate
   ▷ Ambulante Einzelseelsorge
   ▷ Gästewochen zu Urlaub, Stille, Seelsorge, Mitleben und -arbeiten
      in Gemeinschaft
◇ Seelsorgeschulung:
   ▷ 3 Wochenendseminare »Einführung in die Seelsorge«
   ▷ Weiterführende Seminare mit unterschiedlichen, wechselnden
      Themen wie z.B. körperliche Heilung, Befreiungsdienst, Miss-
      brauch usw.
◇ Schulungen für Mitarbeiter und Leiter aus Gemeinden und Jugend-
   arbeit
◇ Reisedienst auf Anfrage:
   ▷ Durchführung von Abendveranstaltungen bzw. Tagesseminaren
      in den Gemeinden
   ▷ Gestaltung von Lobpreis- und Gebetsabenden
   ▷ Gestaltung von Gottesdiensten
◇ Leben und Mitarbeiten in einer geistlichen Lebensgemeinschaft

Arbeitsgrundlage/Methoden:
Anhand des Wortes Gottes wird auf der Basis einer geistlichen Lebensgemeinschaft dieser Dienst getan. Das Ziel Jesu für seinen Leib: Heil, Heili-
gung und Heilung soll im Leben des Einzelnen, der Gemeinschaft und im

Land umgesetzt werden. In der Seelsorge geht es um die Heilung der Gottesbeziehung, der Beziehung zu sich und dem anderen. Menschen sollen wieder neu zum Leben ermutigt werden. Gebet und »Gott hören« sind wichtige »Methoden«, um Gottes Weg zu erkennen, ihn handeln zu lassen, von den Symptomen weg zu den Wurzeln zu kommen und dort Heilung durch Jesus zu erleben.

Stellenbesetzung:
7 vollzeitliche Mitarbeiter, bis zu 6 Jahresmitarbeiter (Jahr für Gott), viele ehrenamtliche Mitarbeiter der Lebensgemeinschaft

CON VITA
Christiane Mack

Rud.-Breitscheid-Str. 27

90762 Fürth

Telefon: 0911 – 74 98 29 3
Fax: 0911 – 97 73 97 7
e-mail: christiane-mack@t-online.de

Leitung:
Christiane Mack, zertifizierte Seelsorgerin, Mitglied der ACC (Association of Christian Counsellors, England)
CON VITA ist ein Arbeitszweig des »Vereins zur Förderung von geistlichem Gemeindeaufbau, Mission und Sozialwesen e.V.«, Auerbach 28, 91598 Colmberg

Angebot:
◇ Einzelberatung, Mentoring und Gebets-Seelsorge
   ▷ Diese in Absprache befristete Begleitung steht Frauen und Männern offen. Aus grundsätzlichen Erwägungen wird für die Beratung keine Gebühr erhoben. Für Spenden an CON VITA werden zum Jahresende steuerlich abzugsfähige Quittungen versandt.
◇ Mitarbeiterschulungen für Seelsorger vor Ort, geistliche Impulse in Gemeindeveranstaltungen, Seminare für Ratsuchende
   ▷ Bei Interesse ausführliche Themenliste anfordern.
◇ Koordination der seelsorgerlichen Beratung im Rahmen des regionalen IMPACT-Netzwerkes.
◇ Vernetzung von Seelsorgern, die mit dem Modell von Pastoral Care Ministries (Leanne Payne) und Redeemed Lives (Mario Bergner) arbeiten wollen; Herausgabe des PCM-Rundbriefs, Informationen zu Schulungsangeboten von Mitgliedern des PCM-Teams in Europa.
Das Angebot besteht in Fürth seit 1998.

Arbeitsgrundlage/Methoden:
◇ Grundlagen sind die Aussagen der Bibel, das biblisch-christliche Menschenbild, das Apostolische und das Nizänische Glaubensbekenntnis.
◇ Ansätze von Leanne Payne (PCM) und Dr. Frank Lake (Clinical Theology)
◇ Code of Ethics and Practice for Counsellors (ACC)

Stellenbesetzung:
Christiane Mack, zertifizierte Seelsorgerin (ACC), vollzeitlich; unterstützt von geschultem Personal aus anderen Bereichen (Gesundheitswesen, Psychologie und Psychotherapie, Theologie) bei Seminaren und Konferenzen

Info:

Die deutsche Ausgabe des PMC-Rundbriefs (Erscheinungsweise: zweimal jährlich) kann über e-mail: PCM-Versand@gmx.de oder Fax: 04791-989109 bestellt werden.

Prospekt über CON VITA, Themenliste und aktuelle, offene Seminarangebote werden auf Wunsch zugesandt.

»Das gute Land e.V.«

Feldstr. 6

Telefon: 04241 – 58 58
Fax: 04241 – 70 74

27211 Bassum-Bramstedt

Leitung:
Christian Witte, Seelsorger

Angebot:
◇ Christliche Beratung (Seelsorge mit Heilungs- und Befreiungsdienst)
　▷ Ambulant und stationär (dazu dienen 3 Gästeapartments).
　▷ Angesprochen sind alle Altersgruppen mit Ehe-, Lebens- und psychischen Problemen (keine Drogen und Alkohol).
◇ Seminarangebot:
　▷ »Heilung der Persönlichkeit« I und II (beinhaltet die Aufarbeitung der Vergangenheit, die neue Identität in Jesus, die Erneuerung des Denkens, körperliche Heilung etc.)
　▷ Seelsorgerseminare
Das gute Land e.V. besteht seit 1988.

Arbeitsgrundlage/Methoden:
Die Vorgehensweise orientiert sich an der Bibel: Vergangenheitsbewältigung durch Vergebung von Schuld, Heilung von seelischen Verletzungen, Befreiung von Finsternismächten, körperliche Heilung und Erneuerung des Denkens sind wesentliche Aspekte der Beratung. Ein Bauernhof dient als Seelsorgezentrum.

Stellenbesetzung:
Zur Zeit sind dort 1 vollzeitlicher Mitarbeiter (Studium »Counselling«) und eine ehrenamtliche Mitarbeiterin tätig.

Info:
Seminarprospekt anfordern

Dr. med. Horst Darmstädter

Telefon: 05605 – 70 44 1
Fax: 05605 – 70 83 9

Hessenring 3

34260 Kaufungen

Leitung:
Dr. med. Horst Darmstädter

Angebot:
◇ Tiefenpsychologisch fundierte Psychotherapie für Jugendliche und
Erwachsene als Einzeltherapie, Familientherapie sowie Paartherapie

Arbeitsgrundlage/Methoden:
Die Ausbildung erfolgte nach den von der Ärztekammer Hessen festge-
legten Regeln und Vorschriften; außerdem wurde eine dreijährige Ausbildung zum Christlichen Therapeuten absolviert (IGNIS, Deutsche Gesellschaft für christliche Psychologie) sowie eine Ausbildung in Familien- und
Paartherapie an der Universität Göttingen.

Stellenbesetzung:
Dr. med. Horst Darmstädter in Zusammenarbeit mit Christa Darmstädter,
Diplom-Sozial-Pädagogin, Familien- und Paartherapeutin, Christliche
Therapeutin (IGNIS)

Info:
Zusammenarbeit mit IGNIS, Kitzingen sowie DE'IGNIS, Fachklinik für
christliche Psychiatrie und Psychosomatik, Egenhausen

DE'IGNIS Beratungsstelle   **Telefon: 07042 - 81 00 41**
Dr. med. Jutta Günther   **Fax: 07042 - 81 00 42**

Hermannstr. 23

75428 Illingen

Leitung:
Dr. med. Jutta Günther, prakt. Ärztin, Christlich integrative Psychotherapie (DE'IGNIS)

Angebot:
◇ Psychologische Beratung und Therapie bei psychischen oder psychosomatischen Erkrankungen
◇ Beziehungs- und Lebenskrisen
◇ Partnerschafts- bzw. Beziehungsproblematik

Arbeitsgrundlage/Methoden:
◇ Kognitive Therapie
◇ Logotherapie
◇ Körperorientierte Psychotherapie
◇ Gestaltungstherapie
◇ Systemische Familientherapie u.a.

Stellenbesetzung:
Dr. med. Jutta Günther, prakt. Ärztin, Weiterbildung in Christlicher integrativer Psychotherapie (DE'IGNIS)

DE'IGNIS - FGS gGmbH
(zur Förderung des christlichen
Gesundheits- und Sozialwesens)
mit den Abteilungen »Institut«
und »Ambulante Rehabilitation«

Telefon: 07453 - 93 91-0
Fax : 07453 - 93 91-93
e-mail: deignis@t-online.de

Sommerstr. 1

72227 Egenhausen

Leitung:
Geschäftsführer: Claus J. Hartmann; Studienleiter: Dipl.-Psychologe Rainer Oberbillig, Psychologischer Psychotherapeut, Verhaltenstherapeut (DGVT), Klinischer Psychologe BDP

Angebot Institut:
◇ Fortbildung in christlich-integrativer Psychotherapie (CIP):
   ▷ Eine Fortbildung für Christen mit einem abgeschlossenen Studium in Medizin, Psychologie, Sozialpädagogik, Sozialarbeit, Pädagogik oder Theologie die zur selbstständigen Durchführung integrativer christlich-psychologischer Therapie nach klinisch-psychotherapeutischen Erkenntnissen befähigt.
   ▷ Die gesamte (nebenberufliche) Fortbildung dauert ca. 2 ½ Jahre.
◇ Supervision
◇ Referenten zu diversen Themen auf Anfrage
   Themenbeispiele:
   ▷ Identitäts- und Persönlichkeitsentwicklung des Christen
   ▷ Berufliche Qualifizierung für die Arbeit mit Menschen
   ▷ Teamaufbau/Teamentwicklung
   ▷ Supervision (selbstverständlich können unsere Referenten nach rechtzeitiger Vereinbarung auch über andere Themen sprechen)

Angebot ambulante Rehabilitation:
◇ Beratungsstelle; erfahrene Therapeuten (Diplom-Psychologen und Ärzte) unter fachärztlicher Supervision helfen Ihnen bei:
   ▷ Ehe- und Familienproblemen
   ▷ Sinn- und Lebenskrisen
   ▷ seelischen Erkrankungen (z.B. Ängste, Zwänge, Depressionen)
   ▷ Glaubenskrisen
   ▷ oder nach einer stationären psychotherapeutischen Behandlung
◇ weitere Beratungsstellen in Gründung

◇ Ehetherapiewochen; erfahrene Therapeuten (Dipl.-Psychologen und Ärzte) unter fachärztlicher Supervision helfen Ihnen bei Ehe- und Familienproblemen, Sinn- und Lebenskrisen, seelischen Erkrankungen (z.b. Ängste, Zwänge, Depressionen), Glaubenskrisen oder nach einer stationären psychotherapeutischen Behandlung.

Arbeitsgrundlage/Methoden:
Synthese von säkularen und christlichen Therapieelementen auf wissenschaftlich reflektierter Basis unter Berücksichtigung der Ergebnisse aus Qualitätssicherung und Forschung.

Stellenbesetzung:
Qualifizierte Fachkräfte auf Honorarbasis (z.b. Ärzte, Psychologen, Physiotherapeut, Sozialpädagogen, Musiktherapeut)

Info:
Bitte fordern Sie unser Informationsmaterial an!

**DE'IGNIS WWV
gGmbH Wohnheim, Werkstatt
und Verlag zur außerklinischen
psychiatrischen Betreuung**

Fred-Hahn-Straße 30-32

72514 Engelswies

**Telefon: 07575 – 47 91
Fax: 07575 – 47 95
e-mail: DE-IGNIS-WWV@
t-online.de
homepage:
www.DEIGNIS.de**

Leitung:
Heimleitung (geschäftsführend): Winfried Hahn
Die DE'IGNIS-WWV zur außerklinischen Betreuung ist eine gemeinnützige GmbH.

Angebot:
◇ für psychisch kranke Personen beiderlei Geschlechts, die nicht in der Lage sind, in einer eigenen Wohnung selbständig zu leben.
Das Angebot besteht seit Oktober 1992.

Arbeitsgrundlage/Methoden:
◇ Schwerpunkt der betreuenden und beratenden Tätigkeit der DE'IGNIS-WWV gGmbH ist die Orientierung des Ratsuchenden an christlichen Maßstäben; sie folgt damit den Grundsätzen der christlichen Therapie. Die soziale, berufliche und pädagogische Betreuung und das Stück Zuhause, das der Einzelne erlebt sowie die Erfahrung eines Lebenssinns durch eine Entscheidung für Gott, sind Grundlage der Betreuung. Es stehen ca. 27 Wohnheimplätze zur Verfügung.
◇ Neben der pädagogisch-therapeutischen Unterstützung durch Einzel- und Gruppengespräche, regelmäßigen Lehreinheiten über den christlichen Glauben, der Beschäftigungs- und Arbeitstherapie (Verlag, Hauswirtschaft, Werkstatt), findet auch Soziotherapie und nachgehende Betreuung statt.

Stellenbesetzung:
Etwa 13 Mitarbeiter (Pädagogen, Sozialarbeiter, Arbeits- und Beschäftigungstherapeuten)

Deutsche Gesellschaft für Biblisch-Therapeutische Seelsorge e.V.

Lauterbadstr. 35-39

72250 Freudenstadt

Telefon: 07441 - 92 9-200
Fax: 07441 - 92 9-299
e-mail: dgbts@bts.de
homepage:
www.bts.de

Leitung:
Prof. Dr. Michael Dieterich; Ulrich Giesekus, Ph.D.

Angebot:
◇ Die Deutsche Gesellschaft für Biblisch-Therapeutische Seelsorge (DGBTS) besteht seit 1987 unter der Leitung von Prof. Dr. Michael Dieterich. Die DGBTS bietet eine 450 bis 700 Stunden umfassende Ausbildung zum Biblisch-Therapeutischen Seelsorger an. Sie wendet sich mit dieser Ausbildung hauptsächlich an Mitarbeiter in Gemeinden, die in der Seelsorge tätig sind und Wert auf spezifische Hilfe und eine qualifizierte Ausbildung für diesen Dienst legen. Der Grundkurs führt in die klassischen Formen der Seelsorge ein und bietet einen Überblick über das Gesamtkonzept der BTS. Die Aufbau-, Vertiefungs- und Integrationskurse führen in die theologischen Grundlagen, die Verhaltenstherapie und kognitive Therapie, die Gesprächstherapie und in die Tiefenpsychologie ein. Spezialkurse bieten besondere Themen an, z.B. Erziehung, Ehe- und Familienseelsorge, Musik- und Kunsttherapie, Seelsorge mit Kindern und Jugendlichen. Die gesamte Ausbildung wird durch Supervision begleitet. Ausführliche Informationen enthält der Studienführer, der in der Geschäftsstelle angefordert werden kann.

Arbeitsgrundlage/Methoden:
Die BTS bezieht in ihrem ganzheitlichen Ansatz verschiedene Methoden aus der wissenschaftlich überprüften Psychotherapie in das biblische Wirklichkeitsverständnis ein. Auf dem derzeitigen Stand der Psychotherapieforschung wird die Beschränkung auf eine einzige Therapieform nicht mehr als angemessen gesehen. Die BTS ist deshalb nicht einer einzigen therapeutischen Schule verpflichtet, sondern verwendet im Sinne einer Methodenpluralität die jeweils effektivsten Therapien.

Stellenbesetzung:
Vorstandsvorsitzender der DGBTS: Prof. Dr. Michael Dieterich (Lehrstuhl für Psychotherapie); Leiter der BTS-Ausbildung: Ulrich Giesekus,

Ph.D. (Klinischer Psychologe), Studienleiter und Lehrbeauftragter der DGBTS; über 39 BTS-Supervisoren und 17 BTS-Außenstellen bundesweit (eine vollständige Übersicht kann in der Geschäftsstelle der DGBTS angefordert werden); 10 hauptamtliche Mitarbeiter in der Geschäftsstelle

Info:
Zahlreiche Publikationen der Mitarbeiter der DGBTS

Dialog: Weiterbildungsangebot
zur Spiritualität und ange-
wandten Transaktionsanalyse

Medenbacher Str. 12

35767 Breitscheid/Hessen

Tel: 027 77 – 16 31
Fax: 027 77 – 16 31
e-mail: Dialog.Hallstein@
t-online.de
homepage:
www.GHallstein.de

Leitung:
Pastor Günter Hallstein, Referent für Seelsorge im BFeG, Lehrberechigter
Transaktionsanalytiker

Angebot:
◇ Kurse, Seminare, Workshops, Fortbildung mit anerkannten Ab-
schlussmöglichkeiten
◇ Einzelberatung/-therapie, Eheberatung, Beratungs- und Therapie-
gruppen
◇ Supervision (Einzel- und Teamsupervision)
◇ Selbsterfahrung und Selbstmanagement
◇ Teamentwicklung und Teamchoaching für:
   ▷ Ratsuchende innerhalb und außerhalb christl. Gemeinden
   ▷ Menschen, die an persönlichem Wachsen und Reifen interessiert
   sind
   ▷ Menschen in helfenden Berufen

Arbeitsgrundlage/Methoden:
◇ Transaktionsanalyse und Elemente aus Gestalttherapie bzw. Integra-
tive Therapie, Individualpsychologie, Klinische Seelsorgeausbildung
(KSA), TZI

Info:
Jahresprogramm und Ausbildungscurriculum kann angefordert werden.

Dauerwohnheim   **Telefon: 039454 – 48 10**
»Gut Heiligenstock«

Kaltes Tal 12

38889 Rübeland

Träger:
Diakonie-Krankenhaus »Neuvandsburg«, ein Unternehmen des Deutschen Gemeinschaftsdiakonieverbandes Marburg

Leitung:
Manfred Hühne

Angebot:
◇ Zielgruppe: chronisch mehrfach geschädigte Suchtkranke mit dem Ziel der körperlichen, seelischen und sozialen Stabilisierung
▷ Plätze: 24
▷ Kostenträger: Sozialhilfeträger

Arbeitsgrundlage/Methoden:
◇ Individuelle Begleitung und Betreuung (Betreuungsplan)
◇ tagesstrukturierendes und kompetenzförderndes Training:
▷ Einzel- und Gruppengespräch
▷ Freizeitgestaltung
▷ Praktische Arbeiten in der Haus- und Grundstückspflege
▷ Einsatz in der Werkstatt für Holz und Metallverarbeitung
▷ Arbeit mit Tieren
▷ Orientierungsangebot auf biblisch-seelsorgerlicher Grundlage

Stellenbesetzung:
Sozialpädagogen, Diplom-Sozialarbeiter, Krankenschwestern, Ergotherapeuten, Hauswirtschaftskräfte, Praktikanten, Zivildienstleistende

Info:
Mitgliedschaft: Fachverband Sucht, EFAS.
Diakonisches Werk der Kirchenprovinz Sachsen-Anhalt.
Prospekt über den Therapieverbund der Diakonie-Krankenhaus »Neuvandsburg« GmbH.

EC-Seelsorgezentrum

Töpfenhofweg 30

34134 Kassel

Telefon: 0561 – 48 08-201
Fax: 0561 – 48 08-204
e-mail: seelsorgezentrum.dv
@ec-jugend.de
homepage:
www.-ec-jugend.de

Leitung:
Thomas Wirth (Therapeutischer Seelsorger/Prediger)

Angebot:
Hilfe finden 7–10 junge Menschen im Alter von 16–30 Jahren mit:
- ▷ psychischer Labilität
- ▷ depressiver Verstimmung
- ▷ Milieuschädigung
- ▷ Suchtproblemen (wobei Drogen und Alkohol nicht im Vordergrund stehen sollen)
- ▷ Essproblemen
- ▷ Beziehungsproblemen
- ▷ neurotischen Störungen
- ▷ nach abgeklungener Psychose zur Wiedereingliederung.
- ◇ Langzeittherapie ca. 4–6 Monate (Alter: 16–30 Jahre)
- ◇ Kurzzeittherapie ca. 4–6 Wochen bei leichterer Problematik (Alter: bis 35 Jahre)

Therapieschwerpunkte:
- ◇ Gesprächstherapie: Einzel- und Gruppengespräche, Rollenspiel
- ◇ Arbeitstherapie: Garten, Hauswirtschaft, Holz- und Tonarbeiten,
- ◇ Freizeitgestaltung: Sport, Schwimmen, Kreativität, Feste, Wandern, Spiele etc.
- ◇ Gemeinschaft: Geborgenheit, Sozialverhalten einüben, Tages- und Wochenstruktur
- ◇ Medizinische Betreuung: bei Bedarf Facharzt für Psychiatrie, Hausarzt, Fachärzte
- ◇ Geistliche Betreuung: Bibellesen, Gebet, Seminare, Gottesdienst-, Bibel- bzw. Jugendstundenbesuch

Arbeitsgrundlage/Methoden:
Im EC-Seelsorgezentrum verstehen wir uns als therapeutische Lebensgemeinschaft, die ihre Grundlage in der Bibel hat. Das bedeutet, die Aussagen der Bibel sind für unser persönliches und gemeinsames Leben verbindlicher Maßstab und Richtschnur.

Stellenbesetzung:
Thomas Wirth, Prediger, therapeutische Zusatzausbildung; Esther Kenntner, Dipl.-Sozialpädagogin, Systemische Beraterin; Anselm Treu, Tischler, Psychiatriediakon, therapeutische Zusatzausbildung; Gudrun Focken, Dipl.-Sozialpädagogin (Teilzeit); 2 Praktikanten; Zivildienstleistender

Info:
Das EC-Seelsorgezentrum ist Mitglied der ACL (Arbeitsgemeinschaft Christlicher Lebenshilfen) und des Diakonischen Werkes.

Evangeliums-Rundfunk e.V.

Postfach 14 44

35573 Wetzlar

Telefon: 06441 – 95 70
Fax: 06441 – 95 7-120
e-mail: seelsorge@erf.de
homepage: www.erf.de

Leitung:
Harald Petersen (Pastor); Heino Welscher (Diakon)
Kontaktperson für das Seelsorgenetz: Josef Sochocki (Diplom-Psychologe/Theologe)

Angebot:
◇ Briefseelsorge
◇ Telefonseelsorge (kein 24-Stunden-Angebot)
◇ E-Mail-Seelsorge/Internetseelsorge
◇ Seelsorgefreizeiten
◇ Vorträge und Seminare zu seelsorgerlichen Themen
◇ Programme/Materialien zur Schulung ehrenamtlicher Seelsorger
◇ Vermittlung von seelsorgerlichen AnsprechpartnerInnen vor Ort
◇ Christliche Rundfunk- und Fernsehprogramme
Das Angebot wurde seit der Gründung des ERF 1961 stufenweise ausgebaut. Es besteht keine Einschränkung auf bestimmte Personengruppen oder Problemfelder.

Arbeitsgrundlage/Methoden:
▷ Grundlage ist der christliche Glaube und die ganzheitliche Perspektive des biblischen Menschenbildes
▷ Seelsorge (keine Therapie)
▷ Einzelberatung (keine Gruppen)
▷ Schwerpunkt des Wetzlarer Teams ist der indirekte Kontakt (per Brief, Telefon, E-Mail) als Chance vieler Rat suchender.
▷ Unser Ziel ist u.a. eine persönliche Beziehung zu Christen vor Ort und bei Bedarf eine Behandlung/Therapie, die durch Seelsorge nicht ersetzt werden kann. Dazu dient die Vermittlung innerhalb unseres Kontaktnetzes bzw. anderer Anbieter.
▷ Parallel zu säkularen Behandlungen/Therapien bieten wir seelsorgerliche Begleitung an.

Stellenbesetzung:
10 hauptamtliche SeelsorgerInnen beim ERF in Wetzlar (aus verschiedenen Berufen); 1 900 freie Mitarbeiter im Seelsorge-Kontaktnetz (Theologen, Ärzte, Psychologen, Therapeuten, Juristen, Pädagogen ebenso wie erfahrene Seelsorger aus anderen Tätigkeiten)

Info:
ERF-Schulungskurs 1: Seelsorge – Lebensäußerung der Gemeinde
ERF-Schulungskurs 2: Seelsorge – Begegnungshilfen für die Gemeinde
ERF-Schulungskurs 3: Seelsorge – Praxisfelder der Gemeinde (ERF-Verlag).
Die monatliche ERF-Programmzeitschrift »antenne« informiert über die internationale Arbeit. Eine Ergänzung unserer Seelsorgeinitiative stellt die Lebensgemeinschaft für sozial-therapeutische Seelsorge »Glaubenshof Cyriaxweimar e.V.« (Marburg) dar.

Family Life Mission e.V. Telefon: 078 51 - 48 30 45/46
45/46 Fax: 078 51 - 48 30 47
Postfach 19 65 e-mail: FLM.INT@
t-online.de

77679 Kehl/Rhein

Leitung:
Hans-Joachim Heil (1. Vorsitzender)

Angebot:
◇ Seelsorge auf dem Gebiet: eheliche Partnerschaft, Sexualität, vorehe-
liches Verhalten, Ledigsein etc.
◇ Seminare, Vorträge, Korrespondenz
Das Angebot ist offen für jeden, der in diesen Lebensbereichen Rat und
Zurüstung sucht.

Arbeitsgrundlage/Methoden:
Arbeitsgrundlagen sind die Aussagen der Bibel zu den oben genannten
Themen. Es werden moderne psychologische und pädagogische Metho-
den angewandt, soweit diese mit der Sicht der biblischen Offenbarung vom
Menschen vereinbar sind.

Stellenbesetzung:
Family Life Mission besteht seit 1957 aus einigen vollzeitlichen und vielen
ehrenamtlichen Mitarbeitern. Begonnen wurde die Arbeit von Walter und
Ingrid Trobisch. Heute erstreckt sie sich über Deutschland, Österreich, Po-
len, Spanien, Frankreich, USA und den afrikanischen Ländern Angola,
Burkina Faso, Burundi, Dänemark, Elfenbeinküste, Ghana, Kamerun,
Kenia, Dem. Rep. Kongo, Liberia, Sambia, Tschad, Zentralafrikanische
Republik.

Info:
Bücher zu den obigen Themen erscheinen beim Verlag Edition Tro-
bisch (Hänssler-Verlag), mit dem Family Life Mission eng zusammen-
arbeitet.
Familiy Life Mission ist Mitglied in der Deutschen Evangelischen Allianz
und in der Arbeitsgemeinschaft Evangelikaler Missionen.
Für Deutschland wurde inzwischen ein eigener Arbeitsbereich eröffnet.
Anschrift:
Family Life Mission Deutschland e.V.
c/o Frau Christine Michold, Schallershofer Str. 46b, 91056 Erlangen
Tel./Fax: 0 91 31 - 43 09 88

Gästehaus Wilhelm Schmid

Unter den Halden 6

87700 Memmingen-
Volkratshofen

Telefon: 08331 – 61 15 1
Fax: 08331 – 61431
e-mail: info@ghs-mm.de
t-online.de
Gästehaus: homepage:
www.ghs-mm.de
Beratungszentrum: e-mail:
info@cbz.-mm.de
homepage:
www.cbz-mm.de

Leitung:
Wilhelm Schmid, Dipl.-Sozialpädagoge, FH, Sozialtherapeut (analytisch), Christlicher Therapeut (IACP)

Angebot:
◇ Einzel-, Paar- und Familienberatung
◇ Erziehungsberatung
◇ Therapiegruppen
◇ Supervision für Seelsorger
◇ Vorträge/Seminare, Schulungen
◇ TIS – Therapeutische Intensivseelsorge
Alle Altersgruppen mit neurotischen Krankheitsbildern.

Arbeitsgrundlage/Methoden:
◇ Ganzheitliche Behandlung
◇ Verschiedene Psychotherapeutische Verfahren
◇ Psychoanalyse
◇ Gesprächs- und Familientherapie (Systemisches Familienstellen)
◇ Gestaltungstherapie mit einer Vielzahl an kreativen Elementen
  (Malen, Musik, Darstellen)
◇ Christliche Seelsorge und Therapie
◇ Physikalische Behandlung

Stellenbesetzung:
Wilhelm Schmid, Leiter, berufliche Qualifikation siehe oben; Pitt Wilke, Öffentlichkeits- und Seminararbeit, Sozialarbeiter (grad.), Sozialtherapeut (anal.); Gustav Süß, Sekretär und Hausmeister

Gemeindeorientierte Initiative
für biblische Beratung e.V.
(GIBB)

Postfach 5

87475 Sulzberg/Allgäu

Telefon: 08376 - 89 26
Fax: 08376 - 97 46 55
e-mail: Roland.Antholzer@ngi.de
homepage: www.gibb-ev.de

Leitung:
Roland Antholzer, Dipl.-Psychologe

Angebot:
◇ Seelsorge-Schulungen
◇ Fachseminare
◇ Gemeindeseminare

Das Schulungsangebot gilt für alle Gemeindemitglieder, die im Rahmen ihrer Gemeinde einen seelsorgerlichen Dienst tun wollen und eine biblische Zurüstung wünschen.

Das Angebot besteht seit 1985.

Seit Frühjahr 2000: Gefährdetenhilfe Engishausen:
◇ Stationäre Hilfe für Menschen mit psychosozialen Schwierigkeiten (Haftentlassene, Drogenabhängige etc.)
Geplant: Wohngruppen für Christen in seelischen Krisen

Arbeitsgrundlage/Methoden:
Der Ansatz ist auf die Bibel gegründet und hat den Anspruch, geistlich, ganzheitlich, nüchtern und ausgewogen zu sein. Empirisch-psychologische und psychiatrische Erkenntnisse, soweit sie für die Seelsorge relevant sind, werden auf biblischem Hintergrund ebenfalls vermittelt. Daraus ergibt sich ein Seelsorge-Modell, das in Ursprung und Zielsetzung biblisch begründet ist und in Diagnose und Beratung zum Einsatz kommen kann. Psychotherapeutische Methoden werden nicht integriert. Gemeinden, die eine Schulung in ihren Räumlichkeiten wünschen, mögen sich möglichst frühzeitig (etwa 8–12 Monate vorher) an obige Adresse wenden.

Stellenbesetzung:
1 Dipl.-Psychologe als vollzeitlicher Mitarbeiter, 1 Dipl.-Psychologe und 1 Sekretärin mit geringfügiger Beschäftigung sowie ehrenamtliche Mitarbeiter

Gemeinsam leben e.V.

Beethovenring 24

59423 Unna

Telefon: 02303 – 16 26 0
Fax: 02303 – 16 26 0
(nur nach vorherigem
Anruf möglich)

Leitung:
1. Vorsitzende: Ursula Pohl
Pädagogische Leitung: Martin Dolejsch, Dipl.-Sozialarbeiter

Angebot:
◇ Teilstationäres, betreutes Wohnen für ca. 1–2 Jahre für Männer und
   Frauen zwischen 18 und 35 Jahren.
Das betreute Wohnen umfasst:
   ▷ Einzelgespräche, um Situationen zu klären und Veränderungen
      zu planen
   ▷ Hilfen bei der Sicherung des Lebensunterhaltes, der Arbeitssuche,
      Behördengängen und Geldeinteilung
Das Angebot gilt für Personen, die Probleme haben mit:
   ▷ Arbeitslosigkeit
   ▷ Schulden
   ▷ sich selbst und anderen Menschen
   ▷ Behördengängen
   ▷ Suchtgefährdung
   ▷ Perspektivlosigkeit
und bereit sind, ihre Schwierigkeiten anzugehen und sich in eine Haus-
gemeinschaft einzufügen.
Das Angebot besteht seit 1988.

Arbeitsgrundlage/Methoden:
Die Mitarbeiter der Einrichtung sind Menschen, die eine persönliche
Beziehung zu Jesus Christus haben.
Begleitung und Betreuung erfolgt in einem sozial-therapeutischen Rah-
men in einer Gemeinschaft von 9 Bewohnern (keine 24-Stunden-Betreu-
ung). Je nach persönlicher Bereitschaft und auf Wunsch des Einzelnen
erfolgt die Beratung auch auf der Grundlage des Glaubens an Jesus
Christus.
Der christliche Ansatz wird auf Angebotsbasis verwirklicht und ist Ele-
ment bei Gemeinschaftsabenden und in Gesprächen.
Die Hilfe findet in Gruppen und Einzelbetreuung statt.

Stellenbesetzung:
Zur Zeit ein Dipl.-Sozialarbeiter und ein Dipl.-Pädagoge

Glaubenshof Cyriaxweimar e.V.

Harthweg 2

35043 Marburg

Telefon: 06421 – 3 13 31

Fax: 06421 – 31 36 3

e-mail: glaubenshof.

cyriaxweimar@.gmx.de

Leitung: Michael Triebel (Diakon/Dipl.-Sozialarbeiter/Dipl.-Religions-pädagoge)

Angebot:
◇ Strukturierte Programme für:
  ▷ ehemalige Patienten ab 18 Jahren aus psychiatrischen Kliniken, die noch eine weitere Betreuung benötigen
  ▷ Frauen und Männer mit psychischen Störungen und anderen auffälligen Persönlichkeitsstörungen, die therapeutisch-seelsorgerliche Hilfe brauchen
  ▷ Sektenaussteiger
  ▷ misshandelte Frauen und Männer
  ▷ junge Christen bis 30 Jahre, die sich in einem verbindlichen Lebensstil in der Nachfolge Jesu zurüsten lassen wollen.
◇ Biblische Seelsorge, gemeinsame Gebets- und Andachtszeiten
◇ Therapeutische Gruppenarbeit und Einzelgespräche
◇ Unterricht für Glaubens- und lebenspraktische Fragen
◇ Arbeitstherapie in Küche, Garten und Landwirtschaft
◇ Aktive Freizeitplanung und -gestaltung, Besinnungswochen,
◇ Freizeiten, Sport, musische Aktivitäten
◇ Kulturelle Programme, Gemeindeveranstaltungen
Insgesamt stehen 12 Plätze zur Verfügung.

Arbeitsgrundlage/Methoden:
Die Lebensgemeinschaft hat das Ziel, Männern und Frauen zwischen 18 und 40 Jahren geistliche, sozialtherapeutische und arbeitstherapeutische Hilfe zu bieten. Beziehungsschwierigkeiten und persönliche Probleme werden im alltäglichen Zusammenleben, in strukturierten Programmen wie gruppentherapeutischen Sitzungen und methodisch variablen Einzelgesprächen, in Seminaren, in der Freizeitgestaltung und in der praktischen Arbeit in der 40 ha großen Landwirtschaft bearbeitet.

Stellenbesetzung:
Alle Stellen sind mit Fachleuten besetzt: 1 Diakon/Dipl.-Sozialarbeiter/Dipl.-Religionspädagoge, 1 Ergotherapeut, 1 Diakonin/Beratende Seelsorgerin (ITS)/Krankenschwester, 1 Agrartechniker/Landwirt, 1 Hauswirtschaftsmeisterin, 1 Verwaltungsangestellte

Info: Die Einrichtung ist Mitglied in der Arbeitsgemeinschaft Christlicher Lebenshilfen (ACL).

Haus der Begegnung　　　　　**Telefon: 04154 – 57 28**
Regina Wagner
Dr. Volker Wagner

Dorfstr. 18

22959 Linau

Leitung:
Regina Wagner, Lehrerin
Dr. Volker Wagner, Meteorologe

Angebot:
◇ Ambulante seelsorgerlich-therapeutische Einzel- und Paarberatung
◇ Rückzug und Stille in Zeiten des Ausgebranntseins, der Krise, der Neubesinnung für Tage, Wochen, Monate mit seelsorgerlicher Begleitung
◇ Seelsorgerlich-therapeutische Intensivwochen (Einzel- und Gruppengespräche)
◇ Ehevorbereitungsseminare

Arbeitsgrundlage/Methoden:
◇ Methodenpluraler Ansatz nach BTS
◇ Innere Heilung

Stellenbesetzung:
Regina Wagner, Lehrerin; Dr. Volker Wagner, Meterologe; Inge Keil, Krankenschwester

Haus Elim　　　　　　　　　　**Telefon: 04823 – 94 55 0**
Christlich-Sozialtherapeutische　　**Fax: 04823 – 94 55–66**
Einrichtung für Alkoholkranke

Burger Straße 6

25554 Wilster

Leitung:
Hartwig Zehl (Sozialpädagoge); Träger: Verein zur Förderung der Rehabilitation Gefährdeter e.V., Burger Str. 6, in 25554 Wilster (Mitglied im Diakonischen Werk)

Angebot:
◇ für suchtkranke Männer, die die Unterbringung in einer vollstationären, sozialtherapeutischen Übergangseinrichtung benötigen
▷ Eingliederungshilfe
▷ Hilfe zur Pflege
▷ Hilfe in besonderen sozialen Schwierigkeiten
▷ Sucht und Psychose
▷ Therapievorbereitung
▷ Therapienachsorge

Arbeitsgrundlage/Methoden:
Als christlich-sozialtherapeutische Einrichtung arbeiten wir auf der therapeutischen Grundlage eines christlichen Menschen- und Weltbildes. Dabei versuchen wir Methoden aus verschiedenen therapeutischen Ansätzen zu integrieren (z.B. IGNIS-Ansatz, Kognitive Seelsorge, Verhaltenstherapie, Gesprächstherapeutische Ansätze usw.)
◇ Arbeits- und Beschäftigungstherapie
▷ 9 Plätze Bau- u. Renovierungsarbeiten (Holzwerkstatt)
▷ 2 Plätze Tischlerei
▷ 8 Plätze Hauswirtschaftsbereich
▷ 1 Platz Außenanlagen
▷ 8 Plätze Küchenbereich
▷ 1 Platz Wäschebereich
▷ 6 Plätze Reinigungsdienst

Stellenbesetzung:
1 Dipl-Psychologin, 3 Dipl.-Sozialpädagogen, 1 Verwaltungskraft, 3 Arbeitstherapeuten, 2 Zivildienstleistende, 1 Konsiliararzt

Haus Lebensquell **Telefon: 06284 – 12 24**
Seelsorge- und Gästehaus **Fax: 06284 – 92 91 00**
Elztalstr. 4

69427 Mudau-Langenelz

Leitung:
Martin Lorch (Diakon)

Angebot:
◇ Einzelseelsorge (ambulant oder für ein paar Tage für Ledige, Ehepaare und Alleinerziehende)
◇ Langzeitseelsorge (nur für Ledige, bis zu 6 Monaten), Mitleben und Mitarbeiten in der Lebensgemeinschaft
◇ Seelsorgetage (4 Tage mit seelsorgerlicher Begleitung)
◇ Seelsorgeschulung:
  ▷ als Seelsorgeseminare
  ▷ als Seelsorgepraktikum
  ▷ als Seminar vor Ort mit Mitarbeitern und Hauskreisleitern
◇ Urlaubsangebote für jedermann/frau
◇ Mitleben in der Lebensgemeinschaft
Das Angebot ist offen für Erwachsene, unabhängig von der Konfession, insbesondere für Mitarbeiter aus der Gemeinde- und Jugendarbeit.
Das Angebot besteht seit dem 1. 10. 1991.

Arbeitsgrundlage/Methoden:
Arbeitsgrundlage ist die biblische Seelsorge unter Einbeziehung psychologischer Erkenntnisse und Dienst mit den Charismen im Sinne des Neuen Testaments. Schwerpunkte der Arbeit sind Innere Heilung, Ablösung von Bindungen, Erkennen falscher Ziele, Erarbeitung neuer Ziele, Einüben eines veränderten Verhaltens. Dabei ist uns als Methode wichtig: biblische Impulse aufnehmen und im Alltag umsetzen, Einzelgespräche, Gebet füreinander.

Stellenbesetzung:
Die Arbeit wird von 4 vollzeitlichen Mitarbeitern und mehreren ehrenamtlichen Mitarbeitern getragen. Dabei ist die Integration in unsere christliche Lebensgemeinschaft wesentlich. Die Mitarbeiter leben eine geistliche Berufung zur Lebensgemeinschaft und Seelsorge.

Haus Maranatha   Telefon: 022 44 – 45 02
CVJM-Zentrum für Seelsorge   Fax: 022 44 – 71 91
und Lebenshilfe

Niederbach 18

53639 Königswinter-Oberpleis

Leitung:
Hans Wiedenmann, Dipl. Sozialarbeiter/FH, Sozialtherapeut, Psychotherapeut (HPG)

Angebot:
◇ Einzeltherapie/Seelsorge
◇ Gruppentherapie
◇ Arbeitstherapie
◇ Sport
◇ Familienähnliche Gemeinschaft
für Menschen zwischen 18 und 30 Jahren (5 Frauen und 5 Männer), die infolge
▷ familiärer Schwierigkeiten
▷ psychischer Störungen
▷ okkulter Belastungen
▷ Suchtmittelabhängigkeiten
alleine nicht in der Lage sind, ihr Leben zu meistern.
Das Angebot besteht seit 1987.

Arbeitsgrundlage/Methoden:
Die Grundlage für die Arbeit von Haus MARANATHA ist der dem CVJM durch die Pariser Basis vorgegebene Auftrag, das Reich Jesu Christi unter jungen Menschen auszubreiten. In der Begegnung mit Jesus Christus und in der Erfahrung einer geistlichen Lebens- und Arbeitsgemeinschaft auf Zeit, unterstützt durch eine intensive, therapeutische und seelsorgerliche Begleitung, sollen junge Menschen, die mit ihrem Leben allein nicht klarkommen, eine neue Lebensperspektive erhalten, Kontaktfähigkeit erlernen, Selbstvertrauen gewinnen und Formen einer eigenständigen Lebensgestaltung einüben.

Stellenbesetzung:
1 Sozialarbeiter/Sozialtherapeut, Psychotherapeut (HPG), 2 Arbeitstherapeuten, 1 therapeutische Seelsorgerin (ITS)

122

Info:

Die oben genannte Einrichtung ist der Arbeitsgemeinschaft Christlicher Lebenshilfen (ACL) angeschlossen und Mitglied im Diakonischen Werk der Ev. Kirche Rheinland.

Haus Mariä Heimsuchung

Münstereifeler Str. 7

Telefon: 02253 – 85 13
Fax: 02253 – 85 13

53947 Nettersheim-Bouderath

Träger:
Gemeinschaft des Neuen Lebens, Bouderath

Leitung:
Birgitta Göbel, Kath. Diplom-Theologin, Seelsorgerin, Sozialarbeiterin

Angebot:
◇ Biblisch-christliche Lebensberatung (Seelsorge)
◇ Geistliche Begleitung
◇ Bibelseminare und Lebensseminare
◇ Geistlicher Bibeltag mit Gemeinschaftselementen (monatlich)
◇ Heilungs- und Befreiungsgebet (wenn angebracht und erwünscht)
Ziel: Wiederherstellung des Menschen in Gott, Aufbau des Leibes Christi, des Reiches Gottes.
Hilfe für Menschen aller Altersstufen und Christen aller Konfessionen.
Das Angebot besteht seit 1988.

Arbeitsgrundlage/Methoden:
◇ Biblische Seelsorge (bibl. Menschenbild)
◇ Einzel- und Gruppengespräche
◇ Seminarform
◇ Aufarbeitung der Lebensgeschichte
◇ Bibel als Lebensbuch

Stellenbesetzung:
1 Diplom-Theologin (Seelsorgerin, Sozialarbeiterin), 1 Kunsterzieherin, 1 Diplom-Sozialarbeiterin, 1 Erzieherin, 1 Diplom-Psychologin, ehrenamtliche Mitarbeiter bei Seminaren

Info:
Vereinsmitglied (Birgitta Göbel) im Missionswerk »Leben in Jesus Christus«, A-6460 Imst/Tirol; Leitung: Maria Prean und Mitarbeiterin bei Seminaren und Konferenzen des Missionswerkes Imst und anderer Seelsorgekonferenzen in Deutschland

HAUS »RESPIRATIO«
auf dem Schwanberg

Telefon: 09323 – 32 25 0
Fax: 09323 – 32 25 4

97348 Rödelsee/Ufr.

Leitung:
Hartmut Stoll, Pfarrer und Psychoanalytiker; Leitung ab 1.08.2000: Frau Pfarrerin Barbara und Herr Pfarrer Otto Lempp; TAT (Arbeitskreis »Therapeutisch ausgebildete Theologen«)

Angebot:
◇ Intensive therapeutische und seelsorgerliche Begleitung in Einzelgesprächen
◇ lebensprozess-orientierte Gruppenarbeit
◇ Körperachtsamkeitsübungen und Einübung in Stille und Meditation.
Rahmen: Geschlossene Zeiten (Kurs-Form) von in der Regel 6 Wochen (40 Tage).
Möglichkeit zur Teilnahme an den Tagzeitgebeten und Gottesdiensten der Communität Casteller Ring (benediktin. Tradition) auf dem Schwanberg.
Das Angebot besteht seit November 1994.

Arbeitsgrundlage/Methoden:
◇ Biblisch-christliches Menschenbild als Grundlage
◇ Tiefenpsychologischer Ansatz
◇ Elemente von Gestalttherapie und anderen humanwissenschaftlichen Therapieformen
Einrichtung der drei ev. Landeskirchen von Baden, Bayern und Württemberg für hauptamtlich in der Kirche Arbeitende.

Stellenbesetzung:
Leiter: Pfarrer und Psychoanalytiker, 3 therapeut. Fachkräfte auf Honorarbasis, Hausleiterin (Hausmutter) (Soz.päd.), Sekretärin (Teilzeit)

Haus Weizenkorn e.V.

Allmannsried 179 1/2

88175 Scheidegg

Telefon: 08381 – 66 84
Fax: 08381 – 82 84 4
e-mail: haus.weizenkorn@
t-online.de

Leitung:
Kurt Bährle, Diplom-Sozialarbeiter (Psychotherapeut)

Angebot:
◇ Christliches Haus/Therapeutische Wohngemeinschaft für junge Menschen zwischen 18 und 30 Jahren mit psychischen, psychosozialen und psychosomatischen Störungen, auch sexueller Missbrauch und Suchtproblematik
◇ Psychotherapie, Arbeitstherapie, Gestalttherapie, Körpertherapie, Lebensorientierung, Sport
Als Übergangseinrichtung für psychisch Kranke anerkannt i.S.d. § 40 i.V. mit § 39 und § 100 Abs. 1+2 BSHG.

Arbeitsgrundlage/Methoden:
◇ Psychotherapie und Seelsorge auf der Grundlage der therapeutischen Gemeinschaft

Stellenbesetzung:
1 Psychotherapeut/Sozialarbeiter/Sozialtherapeut, 1 Krankenschwester (Zusatzausbildung Familientherapie), 1 Dipl.-Pädagoge, 2 Arbeitstherapeuten, 1 Verwaltungskraft, 1 Hauswirtschafterin, 1 Praktikant

Info:
Die Einrichtung ist der Arbeitsgemeinschaft Christlicher Lebenshilfen (ACL) angeschlossen.

Herberge-Praxis
Praxis für Christlich-psychologi-
sche Beratung, Therapie und
Schulung des Vereins für
Seelsorge und Therapie
Norddeutschland e.V.

Telefon: 04334 – 18 99 18
Fax: 04334 – 18 99 19
e-mail: Herberge-Praxis@
t-online.de

Rolfshörner Weg 14

24796 Bredenbek (bei Kiel)
Außensprechtage in
Kiel und Hamburg

Leitung:
Dieter Pietsch, Diplom-Sozialpädagoge (FH), Christlicher Therapeut
(IACP)

Angebot:
◇ Christlich-psychologische Lebensberatung (Einzel- und Paarge-
  spräche)
◇ Seminare und Schulungen für christliche Gemeinden (Seelsorgeschulung nach IGNIS-Konzept, weitere Themen auf Anfrage)
◇ Supervision für Seelsorger und Mitarbeiter christlicher Gemeinden
  und Werke für erwachsene Menschen mit psychischen, geistlichen und
  sozialen Problemen, die professionelle Hilfe suchen, soweit keine stationäre Behandlung erforderlich ist.
Die Beratungsarbeit besteht seit 1992 (bis 1998 unter »Pandocheion-
Praxis«).

Arbeitsgrundlage/Methoden:
Die Arbeitsgrundlage ist das Konzept der christlichen Lebensberatung/
Therapie, das die Deutsche Gesellschaft für Christliche Psychologie
(IGNIS-Akademie) vermittelt.

Stellenbesetzung:
Dieter Pietsch, Dipl.-Sozialpädagoge (FH), Christlicher Therapeut
(IACP)

Hiskia e.V.	Telefon: 09101 – 53 63 56

Hiskia e.V.
(Hilfe in seelischen Krisen
für alle)
c/o Hermann Beck
Bussardweg 28

Telefon: 09101 – 53 63 56
Fax: 09101 – 76 86
e-mail: info@hiskia.de
homepage:
www.hiskia.de

90617 Puschendorf

Leitung:
Jörg-Michael Betz, therapeutischer Seelsorger

Angebot:
◇ Koordination und Förderung der Beratung von Menschen bei:
  ▷ seelischen Krisen
  ▷ psychischen Belastungen
  ▷ Beziehungskrisen
  ▷ Erziehungsproblemen – einzeln oder in der Gruppe
◇ Kurse zur Verbesserung der Beziehung und zum Erhalt der seelischen Gesundheit
◇ Vorträge zu seelsorgerlichen Themen
Das Angebot besteht seit 1995.

Arbeitsgrundlage/Methoden:
◇ Einsatz verschiedener seelsorgerlicher und psychotherapeutischer Methoden, die mit den Aussagen der Bibel im Einklang stehen. Nach den Richtlinien der BTS.

Stellenbesetzung:
Susanne Schwanfelder, Krankenschwester, Psychotherapie (HPG)
Jörg-Michael Betz, Theologe (sem.), Psychotherapie (HPG)
Margit Betz, Diplom-Pädagogin, BTS-Seelsorgerin

Info:
Der Verein Hiskia verfügt über einen Fond, der in besonderen Fällen unterstützt.

**»Holzmühle –
Christliche Suchthilfe« e.V.**

Kämmeritz 20

07619 Schkölen

**Telefon: 03 6694 – 20 07 1
Fax: 03 6694 – 20 07 1
e-mail: cnwholzmuehle@
t-online.de
homepage:
www.thur.de/org/
holzmuehle/**

Leitung:
Almut Prater, Sozialarbeiterin/Sozialtherapeutin, Krankenschwester

Angebot:
◇ Betreuung von alkohol- und drogenabhängigen Männern und Frauen,
   vorwiegend im Alter zwischen 18 und 35 Jahren, Kinder der Betroffe-
   nen können mit aufgenommen werden
◇ Gruppen- und Einzelgespräche
◇ Ergo- und Arbeitstherapie
◇ Seelsorgerliche Beratung
◇ Sport und kommunikative Bewegungstherapie
◇ Im Anschluss an die Therapie Teilnahme am »Arbeit statt Sozialhil-
   fe«-Projekt möglich.
Das Angebot besteht seit 1993.

Arbeitsgrundlage/Methoden:
Psychoanalytisch orientierter, christozentrischer Ansatz
Arbeits- und Lebensgemeinschaft
Klientenzentrierte Gesprächspsychotherapie

Stellenbesetzung:
3 Dipl.-Sozialpädagogen, 1 Dipl.-Religionspädagoge, 2 Ergotherapeuten, $^{1}/_{2}$ Verwaltungskraft, 1 Hauswirtschaftskraft, 2 Zivildienstleistende.

Info:
Die oben genannte Einrichtung ist der Arbeitsgemeinschaft Christlicher
Lebenshilfen (ACL) angeschlossen.

ICL-Institut für Lebens-
und Eheberatung

Telefon: 07627 – 88 85
Fax: 07627 – 88 85

Sonnenrain 6

79585 Steinen

Leitung:
Katharina Schmidt, Christliche Lebens- und Eheberaterin (Individual-
psychologie), Therapeutische Seelsorgerin (ITS – Ruthe/R. Ruthe/L.
Ruthe-Preiss)

Angebot:
◇ Beratung und Seelsorge bei:
    ▷ Umgang mit belastenden Lebenssituationen, Beziehungsschwie-
      rigkeiten, Glaubenskonflikten und Sinnkrisen
    ▷ Bewältigung von Problemen in Ausbildung, Beruf, Studium
    ▷ Beratung in Erziehungsfragen
    ▷ Ehe-, Partnerschafts- und Sexualprobleme
◇ Ausbildungen:
    ▷ zum Individualpsychologischen Seelsorger (1 Jahr)
    ▷ zum Beratenden Seelsorger (2 Jahre)
    ▷ zum Christlichen Lebens- und Eheberater (4 Jahre)
◇ Supervision (IP)

Arbeitsgrundlage/Methoden:
◇ Biblische Seelsorge
◇ Individualpsychologie
◇ Gesprächstherapie

Stellenbesetzung:
28 Individualpsychologische Berater und Christliche Lebens- und Eheberater in 7 Regionen Baden-Württembergs und der Deutschsprachigen
Schweiz

IGNIS-Akademie
IGNIS-Dienst für Gemeinden

Kanzler-Stürtzel-Str. 2

97318 Kitzingen

Telefon: 09321 – 13 30-52
Fax: 09321 – 13 30-41
e-mail: info@IGNIS.de
homepage: www.ignis.de

Leitung des Arbeitszweiges IGNIS-Dienst für Gemeinden:
Wolf-Dieter Hartmann, Dipl.-Psychologe

Angebot:
Die Angebote des Arbeitszweiges IGNIS-Dienst für Gemeinden finden, abweichend von anderen IGNIS-Angeboten, seit 1989 in den Gemeinden vor Ort statt. Sie richten sich entsprechend ihren Schwerpunkten an verschiedene Zielgruppen:
◇ Regionale Schulung für Seelsorge in der Gemeinde (Basiskurs über 3 Wochenenden, Schulung über weitere 12 Wochenenden)
◇ Hauskreisleiterschulung
◇ Familienschulung (9 Wochenenden), Familien- und Erziehungsseminare
◇ Berufungsseminar, Berufungsschule (2 Monate)
◇ Jugendseelsorge (9 Wochenenden), Teenieberatung
◇ Gemeindesupervision und -beratung

Arbeitsgrundlage/Methoden:
◇ Christliche Anthropologie, Psychologie und Therapie im Rahmen des wissenschaftlichen und biblischen Ansatzes von IGNIS

Stellenbesetzung:
Mitarbeiter der IGNIS-Akademie oder assoziierte Mitarbeiter mit Ausbildung der IGNIS-Akademie

Info:
Im IGNIS-Bund haben sich Absolventen der IGNIS-Ausbildungskurse zusammengeschlossen. Sie haben sich in ihrer Region unter Trägerschaft eines Vereins oder im Rahmen einer Beratungsstelle für Christliche Therapie selbstständig gemacht.

IGNIS-Akademie
(Aus- und Fortbildung)
Kanzler-Stürtzel-Str. 2

97318 Kitzingen

Telefon: 09321 – 13 30-0
Fax: 09321 – 13 30-41
e-mail: info@IGNIS.de
homepage: www.ignis.de

Leitung des Arbeitszweiges Aus- und Fortbildung:
Bodo Baar, Dipl.-Sozialpädagoge (FH)

Angebot:
IGNIS – Deutsche Gesellschaft für Christliche Psychologie e.V. bietet seit Herbst 1986 Seminare und Schulungen für Seelsorger und Mitarbeiter in christlichen Werken und Gemeinden sowie für Fachleute aus dem psychosozialen Bereich an. Diese werden als Wochenend-Veranstaltungen und in Form von Seminarwochen ausgeschrieben.

◇ Die Ausbildung zum Christlichen Berater (IACP)/zur Christlichen Beraterin (IACP) bildet einen Schwerpunkt des Angebotes. Fachleute aus dem psychosozialen Arbeitsfeld und engagierte Mitarbeiter christlicher Werke und Gemeinden erhalten über eine Zeitspanne von ca. 30 Monaten eine theoretische Ausbildung in Basisthemen und Grundfertigkeiten der Beratung. Parallel dazu läuft die praktische Ausbildung in Form von Seelsorgeangebot, Selbsterfahrung und Supervision. Entsprechend den Möglichkeiten der Teilnehmer kann es hier zu einer individuellen Erweiterung der Ausbildungszeit kommen.

◇ Die Ausbildung in Christlicher Therapie (CT), durchschnittlich weitere 30 Monate Ausbildungszeit, baut auf der abgeschlossenen Beraterausbildung auf und vertieft deren Praxis. Vermittlung von Grundkenntnissen psychopathologischer Störungsbilder und der Christlichen Therapie in Gruppen ergänzen den Ausbildungsstoff. In der Beraterausbildung ist der Einstieg in der Regel jährlich im September möglich, der Einstieg in die therapeutische Ausbildung jährlich im Juni/Juli.

Arbeitsgrundlage/Methoden:
◇ Christliche Anthropologie, Psychologie und Therapie im Rahmen des wissenschaftlichen und biblischen Ansatzes von IGNIS.

Stellenbesetzung:
Mitarbeiter der IGNIS-Akademie leiten die Ausbildungskurse, Seminare und Schulungen. Sie haben psychologische und sozialpädagogische Qualifikationen. Es referieren zehn hauptamtliche und fünf freie Mitarbeiter der IGNIS-Akademie mit psychologischen, pädagogischen, medizinischen und/oder theologischen Qualifikationen.

132

IGNIS-Akademie (Studium)

Kanzler-Stürtzel-Str. 2

97318 Kitzingen

Telefon: 09321 – 13 30-0
Fax: 09321 – 13 30-41
email: info@IGNIS.de
homepage: www.ignis.de

Leitung des Studiums (und Gesamtleitung):
Werner May, Dipl.-Psychologe
Dr. Peter Hübner, Dipl.-Psychologe

Angebote:
Die IGNIS-Akademie bietet seit 1. Oktober 1992 ein vierjähriges, staatlich nicht anerkanntes, vollzeitliches Studium der Christlichen Psychologie an. Nach einem zweijährigen Grundstudium konzentriert sich das Hauptstudium zur Zeit auf die Anwendungsbereiche:
◇ Klinische Psychologie (Lebensberatung und Christliche Therapie)
◇ Pädagogische Psychologie (Erziehung, Familie u. Jugendarbeit, Unterstützung von Familien mit Pflege- und Adoptivkindern, Erziehungsberatung)
Im Rahmen eines Fernkurses »Die Grundlagen Christlicher Psychologie« besteht die Möglichkeit, das christliche Menschenbild in seinen Auswirkungen auf Therapie und Seelsorge zu erarbeiten.

Arbeitsgrundlage/Methoden:
◇ Christliche Anthropologie, Psychologie und Therapie im Rahmen des wissenschaftlichen und biblischen Ansatzes von IGNIS.

Stellenbesetzung:
9 hauptamtliche Mitarbeiter (mit psychologischer, medizinischer, sozialpädagogischer und/oder theologischer Qualifikation) und mehrere Gastdozenten mit entsprechenden Qualifikationen.

Info:
In der Reihe »IGNIS-Edition« (erhältlich über ASAPH, Am Drostenstück 27, 58507 Lüdenscheid, Tel.: 02351 – 96 93 0) erschienen bisher folgende Bücher:
▷ IGNIS-Akademie (Hrsg.), Das Seelsorgegespräch. Sieben Phasen, die Gott Raum geben
▷ Karsten Wagner, Berufung. Gottes Weg erkennen und gehen
▷ Joachim Kix, Versöhnung beginnt mit mir. Lernen, von Herzen zu vergeben
Über die IGNIS-Akademie direkt zu beziehen sind folgende Materialien:

Die IGNIS-Initiative »Aufgenommene Kinder« hat bisher zwei Jahrbücher mit Texten für Eltern und Erzieher herausgegeben:

▷ »Ihr habt mich aufgenommen«

▷ »Du bist für mich. Kindern helfen, Eltern begleiten«

Von »Befreiende Wahrheit«, einer praxisbezogenen Zeitschrift für Seelsorge, Christliche Therapie und Studium sind noch folgende Hefte mit den genannten Schwerpunkten zu erhalten: Heft 7: Süchtige begleiten, Heft 8: Als Single leben, Heft 9: Verlust und Trauer, Heft 10: Zur Ruhe kommen, Heft 11: Seelsorger sein, Heft 12: Gebet und Seelsorge.

IGNIS-Therapiezentrum

Schulhof 6

97318 Kitzingen

Telefon: 09321 – 13 31-0
Fax: 09321 – 13 31-23
(Telefonsprechzeit:
12.30-13 Uhr)
e-mail: info@IGNIS.de
homepage: www.ignis.de

Leitung:
Adolf Drögemüller, Pastor

Angebot:
Das IGNIS-Therapiezentrum besteht seit 1992. Vorläufer war der im Mai 1990 in Würzburg gegründete IGNIS-Beratungsdienst in Würzburg. Das Angebot richtet sich vor allem an die Menschen aus der Region:
◇ Ambulante Christliche Therapie und Beratung
◇ Hilfestellung und Einbeziehung von Seelsorgern und Hauskreisleitern in die Beratung
◇ Eheberatung
◇ Therapeutische Woche (Intensivtherapie in Gruppen über 5 Tage) für:
  ▷ Christen in seelischen Konflikten, Krankheiten, Krisen, soweit keine stationäre Behandlung erforderlich ist
  ▷ Nichtchristen, die dem Glauben offen gegenüberstehen und Beratung brauchen.

Arbeitsgrundlage/Methoden:
◇ Christliche Anthropologie, Psychologie und Therapie im Rahmen des wissenschaftlichen und biblischen Ansatzes von IGNIS.

Stellenbesetzung:
3 Christliche Therapeuten (1 Arzt, 1 Heilpädagogin, 1 Pastor), die von einem Arzt mit Zusatzbezeichnung »Psychotherapie« Supervision erhalten. Außerdem arbeiten unter Anleitung Studenten der IACP (= IGNIS-Akademie für Chrisliche Psychologie) mit.

»Impuls«   **Telefon: 0203 – 61 56 8**
Beratungsstelle für Ehe-,
Familien- und Lebensfragen

Juliusstr. 10-14

47053 Duisburg

Leitung:
Ursula Handelmann, Logotherapeutin

Angebot:
◇ Logotherapie
◇ Verhaltenstherapie
◇ Familientherapie
◇ Gesprächstherapie

Arbeitsgrundlage/Methoden:
◇ Logotherapie
◇ Verhaltenstherapie
◇ Familientherapie
◇ Gesprächstherapie

Stellenbesetzung:
5 Honorarkräfte

»IMPULS«
Beratungsstelle für Ehe-,
Familien- und Lebensfragen

Rheinaustr. 9-11

Telefon: 02173 – 96 78 34
Fax: 02173 – 96 78 36
e-mail: Reiloehr@
t-online.de

50676 Köln

Postanschrift für Impuls Köln:
Reinhild Löding-Ehrenstein, Kitzbüheler Weg 40, 40789 Monheim

Leitung:
Reinhild Löding-Ehrenstein, Diplom-Psychologin

Angebot:
Für Menschen in Krisen und anderen Schwierigkeiten bieten wir eine zeitlich begrenzte Wegbegleitung in Seelsorge und Beratung an:
  ▷ wenn sie sich mit ihrem Partner/ihrer Partnerin nicht mehr ver-
     ständigen können, sich ernsthafte Sorgen um ihre Familie oder die
     Kinder machen;
  ▷ wenn der Stress und der Frust im Alltag zu groß werden;
  ▷ wenn sie an einem Dauerkonflikt in ihrem sozialen Umfeld oder in
     der Gemeinde persönlich arbeiten wollen;
  ▷ wenn eine Krankheit das bisherige Lebenskonzept unterbricht;
  ▷ wenn sie sich allein gelassen fühlen und nicht mehr weiter wissen.
Auf Anfrage führen wir Seminare in Gemeindezentren durch.

Arbeitsgrundlage/Methoden:
  ▷ Gesprächspsychotherapie
  ▷ Individualpsychologie
  ▷ Systemische Familientherapie
  ▷ Verhaltenstherapie-Methoden werden der Diagnose entspre-
     chend eingesetzt.

Stellenbesetzung: 4 Honorarkräfte

Info:
  ▷ Regionales Seelsorgenetz mit Impuls Bonn, Impuls Duisburg und
     Impuls Remscheid
  ▷ Mitglied in der Arbeitsgemeinschaft Ev.-Freik. Beratungsstellen
  ▷ Informationsfaltblatt über Impuls-Beratungsstellen kann angefor-
     dert werden
  ▷ Beratungsarbeit nach dem von uns erstellten QS-Handbuch

»Impuls« Remscheid

Schützenstr. 32

42853 Remscheid

Telefon: 02051 – 96 75 25
Fax: 02051 – 96 75 24

Postanschrift:
Wilfried Roskamp
Platz 88
42855 Remscheid

Leitung:
Wilfried Roskamp, Verw. Wirt und Sozialbetreuer

Angebot:
◇ Beratung bei Ehe-, Familien- und Lebensfragen auf christlicher Grundlage
◇ Gruppenangebote und Seminare
Das Angebot besteht seit September 1994.

Arbeitsgrundlage/Methoden:
◇ Individualpsychologie
◇ Gesprächspsychotherapie
◇ Rational-Emotive Therapie
◇ Verhaltenstherapie

Stellenbesetzung:
4 nebenberufliche Berater mit Ausbildung bei Reinold Ruthe und weiteren Fortbildungen

Info:
Träger der Beratungsstelle »Impuls« in Remscheid ist der Bund Evangelisch-Freikirchlicher Gemeinden K.d.ö.R./Vereinigung Rheinland

Institut für Psychologie und
Seelsorge (IPS)

Lauterbadstr. 31

72250 Freudenstadt

Telefon: 07441 – 92 91 01
Fax: 07441 – 92 91 99
e-mail: ips@bts.de
homepage: www.bts.de

Leitung:
Prof. Dr. Michael Dieterich

Angebot:
◇ Studium und Ausbildung
1. Solide Ausbildung
   ▷ Ausbildung in psychotherapeutischer Lebensberatung: In zwei Jahren (4 Semestern) kann eine gründliche Ausbildung erworben werden, die zu christlich fundierter psychologischer Lebensberatung und Seelsorge befähigt. Die psychotherapeutische Ausrichtung ist methodenübergreifend mit einer Schwerpunktsetzung in Verhaltenstherapie, praxisnah mit dem Angebot zur Supervision.
   ▷ Hochschulstudium »Klinische Psychologie«: Dieses Studium ist für Berufstätige gedacht, die Beratungs- bzw. psychotherapeutische Kompetenz auf Hochschulniveau erwerben wollen. Die erbrachten Leistungen werden in einem Hochschulzertifikat bestätigt und anerkannt und können auf ein Hochschulstudium mit dem Abschluss Magister Artium (M.A.) angerechnet werden. Weitere wissenschaftliche Qualifikationen (z.B. Promotion) sind möglich.
2. Postgraduiertenausbildung: für Absolventen, die entweder einen Hochschulabschluss oder eine Promotion anstreben
   ▷ Ausbildung zum Supervisor/-in (BTS): Seelsorger/-innen, die sich nach abgeschlossener BTS-Ausbildung BTS-Supervisor/-in weiter qualifizieren wollen, können am Institut für Psychologie und Seelsorge diese Fortbildung belegen.
   ▷ Ausbildung zum Auditor: »Qualitätsmanagement« im Gesundheitswesen. Geplant ist in Zusammenarbeit mit der TÜV-Akademie ein Ausbildungsgang, der Entwicklung und Umsetzung von Qualitätsmanagement-Systemen in Einrichtungen der Altenpflege und Behindertenarbeit beinhaltet.
   ▷ Ausbildung zum/zur Psychologischen Psychotherapeuten/in (Approbation): Nach dem neuen Psychotherapiegesetz müssen Ausbildungsinstitute, die Psychologische Psychotherapeutinnen und -therapeuten ausbilden wollen, die Zulassung dafür neu beantragen. Wie andere Ausbildungsinstitute werden auch wir diesen Antrag stellen.

Die Studien- bzw. Ausbildungsordnungen können am Institut für Psychologie und Seelsorge (IPS) angefordert werden.

Arbeitsgrundlage/Methoden:
Durch seinen interdisziplinären Ansatz im Spannungsfeld von Sozialwissenschaften, Medizin und Theologie, Psychotherapie, Beratung und Seelsorge arbeitet das IPS in einem breiten Spektrum von Forschungsaufgaben.
Hier einige aktuelle Projekte:
▷ Weiterentwicklung des ganzheitlichen Ansatzes der Biblisch-Therapeutischen Seelsorge
▷ Einflussfaktoren auf die Wirksamkeit von Psychotherapie und Pädagogik
▷ Qualitätsentwicklung und -sicherung in Rehabilitationseinrichtungen, Einrichtungen der stationären und ambulanten Altenpflege und Fachkliniken
▷ Religiöse Entwicklung des Menschen/Seelsorge mit Kindern und Jugendlichen
▷ Seelsorge bei älteren Menschen, Gerontopsychologie und -psychotherapie
▷ Testverfahren zur Persönlichkeitsentwicklung und »Berufsreife«
▷ Computersimulation von Erziehungsprozessen
Das IPS ist darüber hinaus bereit, weitere Forschungs- und Beratungsaufträge (Drittmittel-Forschung) anzunehmen.

Stellenbesetzung:
Prof. Dr. Michael Dieterich, Leiter, Lehrstuhl für Psychotherapie; Dr. Hartmut Beile, Wiss. Assistent; Daniela Böhringer M.A., Wiss. Mitarbeiterin; Dr. Jörg Dieterich, Hochschulassistent; Jutta Kühn, Sekretariat

Info:
Verschiedene eigene Publikationen in der Reihe »Hochschulschriften aus dem Institut für Psychologie und Seelsorge«
Verschiedene eigene Publikationen der Mitarbeiter der IPS
Herausgeber der Zeitschrift »Seelsorge«

Institut für Seelsorge und
Psychologie

Johann-Gerhard-Oncken-Str. 7

14627 Elstal

Telefon: 033234 – 74 16 6
Fax: 033234 – 74 16 7
e-Mail: Institut.Seelsorge
Psychologie@baptisten.org

Leitung:
Pastor Olaf Kormannshaus, Diplom-Psychologe

Angebot:
◇ Das Institut für Seelsorge und Psychologie ist Teil des Bildungszentrums Elstal des Bundes Evangelisch-Freikirchlicher Gemeinden in Deutschland (Baptisten- und Brüdergemeinden). Es besteht seit 1997 und ist in der Nähe von Berlin gelegen.
  ▷ Zielsetzung ist die Aus- und Weiterbildung ehren-, neben- und hauptamtlicher Gemeindemitarbeiter für Seelsorge und Beratung in der Gemeindearbeit.
◇ Sie geschieht grundlegend in einem zertifizierten 2-Jahres-Kurs, »Seelsorge und Beratung«: vier Kompaktkurse (je 7 Tage, im Abstand von einem halben Jahr) werden ergänzt durch regionale Arbeitsgruppen und monatliche Einzelgespräche mit erfahrenen Seelsorgern/ Beratern in der Region. Arbeitsformen in den Kursen sind Referat, Gruppenarbeit, Übungen und Selbsterfahrung. Diese Seelsorgeausbildung erfolgt in Zusammenarbeit mit dem Arbeitskreis Seelsorge des Bundes Freier evangelischer Gemeinden, Pastor Günter Hallstein, Transaktionsanalytiker.
◇ Ein anderes Curriculum (dreimal eine Woche) führt grundlegend in die »Seelsorge im Alter« ein.
◇ Daneben gibt es Seminare zu Einzelthemen, z.B. Begleitung depressiver Menschen in der Gemeinde, Begleitung kranker und sterbender Menschen in der Gemeinde u.a.
◇ Neben den Seminaren zur Aus- und Weiterbildung gibt es seelsorgerliche Angebote für besondere Lebenssituationen; z.B. regelmäßig am Muttertagswochenende ein Trauerseminar für verwaiste Babymütter und Babyväter, Seminare zur Burn-out-Prophylaxe.
◇ Für Pastoren und Gemeindevorstände gibt es die Möglichkeit zur Einzel-, Team- oder Gruppensupervision.
Nähere Informationen sind jeweils im aktuellen Jahresprogramm erhältlich.

Stellenbesetzung:
Leiter des Instituts: Olaf Kormannshaus, Pastor und Diplom-Psychologe, Supervisor (DGSv); Freie Mitarbeiterinnen und Mitarbeiter auf Honorarbasis

KALEB

Fehrbelliner Straße 99

10119 Berlin

Telefon: 030 – 44 05 88 66
Fax: 030 – 44 05 88 67
e-mail: info@kaleb.de
homepage: www.kaleb.de

Leitung:
Ursula Toaspern, Vorstands-Vorsitzende des KALEB-Gesamtvereins, Pfarrfrau

Angebot:
KALEB (Kooperative Arbeit Leben Ehrfürchtig Bewahren) unterhält über 30 Einrichtungen in der Bundesrepublik Deutschland mit Schwerpunkt in den neuen Bundesländern:
◇ Gesprächsangebote, Beratung und Hilfe für Schwangere und Familien
◇ Hilfe für Frauen nach Abtreibung und nach Fehl- und Totgeburt
◇ Ausgabe von Baby-, Kinder- und Schwangerenkleidung, Kinderwagen u.a.
◇ Vortrags- und Unterrichtsangebot für Gemeinden, Jugendgruppen, Schule, verschiedene Kreise, wie Mutter-Kind-Kreise

Arbeitsgrundlage/Methoden:
Grundlage unserer Arbeit ist das christliche Menschenbild. Satzungen der KALEB e.V. – Gesamtverein Berlin, ferner Chemnitz, Dresden, Olbernhau, Sächsische Schweiz, Grundsatzprogramm des Gesamtvereins Berlin

Stellenbesetzung:
Haupt- und ehrenamtliche Mitarbeiter aus den Bereichen Sozialarbeit, Seelsorge, Medizin

Info:
Die Verbandszeitschrift »Lebens-laut« mit populärwiss. Lebensrechtsthemen erscheint etwa zweimal jährlich.

Kings Consulting

Korte Asper 33

Telefon: 040 – 7 20 91 73
Fax: 040 – 7 20 91 73

21465 Wentorf

Leitung:
Meike-Dorothee Wessling, Dipl.-Psychologin

Angebot:
◇ Ausbildung zum therapeutischen Seelsorger für Seelsorger aus Ge-
meinden und im Gesundheitswesen Tätige (Fachleute, Sozialpädago-
gen, Psychologen etc.)
◇ Beratung/Supervision für Gemeinden, freie Werke sowie Einzelper-
sonen
◇ Seminare für unterschiedliche Zielgruppen, wie Selbständige, Leiter,
Pastoren
◇ Einzel- und Paartherapie

Arbeitsgrundlage/Methoden:
Glaubenstherapie: Dieser Ansatz integriert verschiedene Methoden. Neben der Gesprächstherapie und der RET (Rational-Emotive-Therapie) ist
er von IGNIS inspiriert. Genaueres können Sie in dem Buch »Abenteuer
Mensch« von Meike u. Dirk Wessling erfahren. Die Zielsetzung des Instituts ist es, in den Ausbildungskursen kompetente therapeutische Seelsorger auszubilden. Das Angebot besteht seit 5 Jahren. Das Institut selbst
wurde 1993 gegründet.

Stellenbesetzung:
Dipl.-Psychologen und Therapeuten

Info:
Einladungen zu verschiedenen Ausbildungs- und Seminarangeboten werden auf Wunsch zugeschickt.

Kerstin Kurzius

Tospelliweg 20

44149 Dortmund

Telefon: 0231 – 65 04 37
Fax: 0231 – 65 04 37
email: Kurzius@
lebensraum-familie.de
homepage:
www.lebensraum-
familie.de

Leitung:
Kerstin Kurzius, Therapeutische Seelsorgerin, Psychologische Beraterin

Angebot:
◇ Lebensberatung
◇ Eheberatung
◇ Familienberatung
◇ Erziehungsberatung mit einem umfangreichen Schulungsangebot für
   Erziehende

Arbeitsgrundlage/Methoden:
◇ Biblische Seelsorge
◇ Individualpsychologie
◇ Gesprächstherapie
◇ Systemisches Denken

Stellenbesetzung:
1 Mitarbeiterin (Diplom-Sonderpädagogin) in der Schulungsarbeit

Irmtraud und Martin Lange

Ernst-Bergeest-Weg 29A

21077 Hamburg

Telefon: 040 – 76 11 17 02 (d)
Fax: 040 – 76 11 17 03

Leitung:
Irmtraud und Martin Lange

Angebot:
◇ Psychologische Beratung
◇ Therapeutische Seelsorge
◇ Eheberatung
◇ Ehe- und Seelsorgeseminare

Arbeitsgrundlage/Methoden:
◇ Individualpsychologie nach Alfred Adler
◇ Klientenzentrierte Gesprächsführung nach Rogers
◇ Rational-Emotive Therapie nach A. Ellis

Stellenbesetzung:
Irmtraud Lange, Psychologische Beraterin
Martin Lange, Pastor, Zusatzausbildung in Therapeutischer Seelsorge

Lebenshaus Moosinning　　　　**Telefon: 08123 – 99 07 25**

Erdinger Str. 13

85452 Moosinning

Leitung:
Thomas Mayer, Kfz-Mechaniker, Diakon

Angebot:
◇ Betreutes Wohnen in ehemaligem landwirtschaftlichem Anwesen:
　▷ Intensivbetreuung (6 Plätze) auf dem Hof selbst
　▷ Nachsorge (3 Plätze) in einem angegliederten zweiten Haus.
Zielgruppe: Menschen in psychischer, sozialer und körperlicher Not.
Aufgenommen werden zum Beispiel:
　▷ psychisch labile Menschen;
　▷ Menschen, die nach Klinikaufenthalten weiteren Einübungs- und
　　Stabilisierungsraum suchen;
　▷ Menschen, die Lebenskrisen verarbeiten müssen bzw. Orientie-
　　rung suchen.
Aufgenommen werden Männer und Frauen bis 35 Jahre (Ausnahmen bei
älteren Personen sind unter Umständen möglich).
Das Angebot besteht seit September 1997. Das Haus gehört seit Oktober
1998 zur ACL (Arbeitsgemeinschaft Christlicher Lebenshilfen).

Arbeitsgrundlage/Methoden:
◇ Aufarbeitung von Lebensproblemen in Einzelgesprächen
◇ Rückhalt für die eigene Person, aber auch Konfrontation mit der eige-
　nen Persönlichkeit durch das Miteinanderwohnen in der bewusst
　christlich ausgerichteten Lebensgemeinschaft
◇ Praktische Hilfe bei der Lebensgestaltung (Schuldenbewältigung,
　Behördengänge, Arbeitssuche usw.)
◇ Förderung des Selbstbewusstseins und der eigenen Fähigkeiten durch
　Arbeitstherapieangebot im Bereich:
　▷ Hauswirtschaft
　▷ Renovierung
　▷ Holzverarbeitung
　▷ Kfz-Bereich
◇ Einüben von sinnvoller Freizeitgestaltung
◇ Förderung des Einzelnen in seiner persönlichen Beziehung zu Gott

146

Stellenbesetzung:

Thomas Mayer, Kfz-Mechaniker, Diakon; Irmgard Mayer, Gärtnerin, Hausfrau; Peter Müller, Zahntechniker, Arbeitsanleiter; Margarete Müller, Buchbinderin, Büroangestellte; externe Unterstützung durch ausgebildete Familien- und Teamberaterin, die ca. einmal im Monat Gruppensitzung hält.

**Lebensgemeinschaft für die
Einheit der Christen
(Therapeutische Seelsorge – ITS)
Begegnungsstätte Schloß Craheim**

**Telefon: 09724 – 91 00-0
oder -1,
Durchwahl 91 00-50
Fax: 09724 – 91 00 55
e-mail: craheim@swin.de**

97488 Stadtlauringen-Wetzhausen

Leitung:
Schwester Christiane Wachtel, Diplom-Sozialarbeiterin, Therapeutische
Seelsorgerin (ITS – R. Ruthe/L. Ruthe-Preiss)

Angebot:
◇ Therapeutische Einzelseelsorge in Glaubens- und Lebensfragen,
  Persönlichkeitskrisen, Krisensituationen
◇ Therapeutische Seelsorgewochen (einwöchige Seminare mit einem
  Einzelgespräch pro Tag und Gemeinschaftselementen)
◇ Seminare mit unterschiedlicher Thematik aus der Therapeutischen
  Seelsorge
◇ Seelsorgeschulung für:
    ▷ Seelsorgesuchende, die Hilfe möchten in ihrer Beziehung zu Gott
      und in individuellen und sozialen Konflikten
    ▷ Menschen, die durch vertiefte Selbsterkenntnis im Glauben wach-
      sen möchten
    ▷ Interessierte an therapeutisch-seelsorgerlichen Themen
    ▷ Menschen, die Zurüstung für den seelsorgerlichen Dienst suchen
Das Angebot besteht seit 1995.

Arbeitsgrundlage/Methoden:
◇ Vorwiegend Lebensstilanalyse nach Reinhold Ruthe mit Elementen
  aus verschiedenen anderen therapeutischen Richtungen wie z.B.
  Transaktionsanalyse, Rational-Emotive-Therapie, Gestalttherapie.
Grundlage aller Angebote ist die biblische Botschaft.

Stellenbesetzung:
2 hauptamtliche Mitarbeiterinnen: Schwester Christiane Wachtel und 1 in
der Seelsorge geschulte Krankenschwester; 2 ehrenamtliche Mitarbeiterinnen: 1 Therapeutische Seelsorgerin (ITS – R. Ruthe/L. Ruthe-Preiss),
1 Lehrerin und Gestaltpädagogin mit Schulung in Gestalttherapie

Info:
Zweimal im Jahr erscheint ein Programm mit den Veranstaltungen von
Schloss Craheim. Zusätzlich gibt es ein fachspezifisches Informationsblatt
zur therapeutischen Seelsorge. Beides kann kostenlos angefordert werden.

LebensRäume

Luitpoldstr. 20

96052 Bamberg

Telefon: 0951 – 20 81 30 4
Fax: 0951 – 20 81 30 5
e-mail:elke.hieckmann@
lebensraeume-bamberg.de
homepage:
www.lebensraeume-
bamberg.de

Leitung:
Elke Hieckmann, Diplom-Sozialpädagogin (FH), Psychotherapeutin
(HPG), Krankenschwester für Psychiatrie (DKG), Therapeutische Seel-
sorgerin, Rhythmiklehrerin, EPL-Trainerin (Kommunikationstraining für
Paare), STR-Gruppentherapeutin (ASIS)

Angebot:
◇ Für Menschen, die
  ▷ sich in einer persönlichen Krise befinden und alleine nicht weiter-
    kommen,
  ▷ den Wunsch verspüren, die Beziehungen in ihrem Leben, zu ande-
    ren Menschen und zu Gott, anders und neu zu gestalten,
  ▷ Erlebnisse aus ihrer Lebensgeschichte verarbeiten möchten,
  ▷ im Glauben wachsen und heilen möchten,
besteht folgendes Angebot:
◇ Therapeutische Seelsorge und Beratung für Einzelne, Paare und Fami-
  lien
◇ Hilfe bei der Verarbeitung traumatischer Erlebnisse, besonders für
  Frauen und Mädchen, die (z.B. sexuelle) Gewalt erlebt haben oder bei
  Abtreibungstrauma
◇ Hilfe bei Trauerarbeit nach Verlusterlebnissen
◇ Gesprächsgruppen zu verschiedenen Themen
◇ Gruppentherapie mit Elementen aus sozialtherapeutischem Rollen-
  spiel, themenzentrierter Interaktion und Gestalttherapie
◇ EPL – Ein partnerschaftliches Lernprogramm, Kommunikations-
  training für Paare
◇ Angebote, durch Musik (u.a. Rhythmik und Percussion), Tanz und
  Kunst unentdeckte kreative Potentiale zu entdecken, die beim Wach-
  sen und Heilen helfen können
◇ Seminare, Vorträge, Schulungen zu Themen aus Therapeutischer
  Seelsorge und zu frauenspezifischen Themen

Arbeitsgrundlage/Methoden:
◇ Grundlage der Beratung ist der Glaube an Gottes heilsame Zuwen-
  dung zu den Menschen

149

◇ wachstumsorientiert, problemorientiert, gemeinsames Beten und Hören auf Gottes Wort
◇ methodenplurales Konzept:
  ▷ christliche Seelsorge
  ▷ sozialpädagogische Handlungsansätze
  ▷ Elemente aus Gesprächstherapie, körperorientierten Verfahren, Individualpsychologie, Gestalttherapie, Traumatherapie und Verhaltenstherapie

Stellenbesetzung:
1 hauptamtliche Mitarbeiterin, Qualifikation s. o.

Leben im Kontext e.V.
Psychosoziale Beratungsstelle
Praxis für Supervision

Elisabethstr. 16

44139 Dortmund

Tel.: 0231 - 52 29 52
Fax: 0231 - 52 29 53
e-mail: Kontext.e.V.@
t-online.de
homepage:
home.t-online.de/home/
Kontext.e.V.

Leitung:
Rolf Gersdorf (Dipl.-Sozialarbeiter, Familientherapeut und Supervisor DGSv)

Angebot:
◇ psychosoziale Beratung und Therapie
    ▷ Einzel-, Paar-, Familienberatung
    ▷ Systemische Beratung und Familientherapie
    ▷ Therapeutische Seelsorge
◇ Supervision
    ▷ Einzelsupervision
    ▷ Teamsupervision
    ▷ Gruppensupervision
◇ Seminare/Schulungen/Vorträge
    ▷ im Bereich christlicher Seelsorge
    ▷ Mitarbeiterschulung in christlichen Gemeinden und Kirchen
Dieses Beratungsangebot steht jedem/jeder Rat suchenden in dieser Region zur Verfügung. Als überkonfessionelles diakonisches Angebot dient es insbesondere auch als Ansprechadresse für die verschiedenen christlichen Kirchen und Freikirchen. Das Angebot besteht seit 1992.

Arbeitsgrundlage/Methoden:
Im Bereich Beratung und Therapie kommen in erster Linie Methoden aus dem Bereich der systemischen Beratung und Familientherapie und aus dem Bereich der Therapeutischen Seelsorge zum Tragen. Therapeutische Seelsorge geschieht durch einige Mitarbeiter im wesentlichen auf der Grundlage der Ausbildung beim früheren ITS (Reinhold Ruthe). Supervision als Angebot für haupt- und ehrenamtliche Mitarbeiter aus dem psychosozialen Bereich, für Gemeindeleitungen etc., geschieht nach den Standards und Richtlinien der DGSv (Deutsche Gesellschaft für Supervision).

Stellenbesetzung:
In der Beratungsstelle mit ihren verschiedenen Arbeitszweigen sind ausschließlich bewusst überzeugte Christen als Mitarbeiter beschäftigt, die ihr

hauptamtliches oder ehrenamtliches Engagement im Zusammenhang mit der christlichen Diakonie und damit dem biblischen Menschenbild sehen. Zur Zeit sind beschäftigt: 1 Dipl.-Sozialarbeiter, 2 Honorarberater, 1 Verwaltungskraft.

Info:
Ansprechpartnerin für Termine und weitere Auskünfte: Frau Helga Kretschmer.
Die Beratungsstelle ist Mitglied im Diakonischen Werk.

Anne Christina Mess

Robert-Bosch-Str. 11

71229 Leonberg-Warmbronn

Telefon: 07152 – 92 90 26
Fax: 07152 – 92 90 27
e-mail: A.C.Mess@
MMSOFTWARE.DE

Leitung:
Anne Christina Mess, Diplom-Psychologin

Angebot:
◇ Christliche Beratung und Therapie
◇ Verhaltenstherapie
◇ Sportpsychologische Beratung
◇ Supervision
◇ Seminare
◇ Vorträge
◇ Artikel in christlichen Zeitschriften
Das Angebot gilt für Erwachsene ab 18 Jahre.
Es besteht seit 1995.

Arbeitsgrundlage/Methoden:
◇ Psychologie
◇ Biblische-seelsorgerliche Basis
◇ Prophetisches Gebet

Stellenbesetzung:
Anna Christina Mess, Diplom-Psychologin

Mühlrad e.V.
Christliche Lebensgemeinschaft

Eselsburg

89542 Herbrechtingen

Telefon: 07324 – 91 94 31
Fax: 07324 – 91 94 32
e-mail: muehlrad@
t-online.de
homepage:
www.muehlrad.de

Leitung:
Jakobus Richter, Biblisch-therapeutischer Seelsorger

Angebot:
◇ Beratung bei Beziehungsstörungen (Einzelpersonen)
◇ Eheberatung
Keine Altersbegrenzung. Das Angebot besteht seit 1991.

Arbeitsgrundlage/Methoden:
◇ Biblisch orientierte Seelsorge
◇ Therapeutische Begleitung

Stellenbesetzung:
5 Mitarbeiter mit seelsorgerlicher Ausbildung und Biblisch-Therapeuti-scher Ausbildung

Dr. med. Clauß / Wolfram Nagel

Bahnhofsstr. 12

26427 Esens

Telefon: 04971 – 88 8
Fax: 04971 – 57 12
e-mail: wolfram.nagel@
dgn.de

Leitung:
Dr. med. Wolfram Nagel, Arzt

Angebot:
◇ Psychotherapie bei Erwachsenen (bei Kindern und Jugendlichen nur
   Begutachtung)
Kassenzulassung seit 1994

Arbeitsgrundlage/Methoden:
◇ Tiefenpsychologisch fundierte Psychotherapie

Stellenbesetzung:
Dr. med. Wolfram Nagel, Facharzt für Allgemeinmedizin, Rettungsmedi-
zin, Psychotherapie

Neues Land e.V.
Christliche Drogenarbeit
Steintorfeldstr. 11

30161 Hannover

Telefon: 0511 – 33 61 17 30
Fax: 0511 – 33 61 17 52
e-mail: NeuesLand.Drobs@
t-online.de
homepage:
www.neuesLand.de

Leitung:
Gesamtleitung: Jochen Buhrow, Dipl.-Sozialarbeiter, Am Rotdorn 6, 30657 Hannover, Tel.: 0511 – 65 75 9, Fax: 0511 – 65 90 0
Drogenberatungsstelle: Peter Gaenshirt (Dipl.-Sozialarbeiter)

Angebot:
◇ Drogenberatungsstelle
◇ Streetwork
◇ Kontaktcafe Bauwagen
◇ SOS-Bistro und mehr
◇ Medizinische Ambulanz
◇ Notschlafstellen
◇ Je ein Auffanghaus für drogenabhängige Männer und Frauen
◇ Stationäre christliche Therapien für Drogenabhängige in familienähnlicher Gemeinschaft
◇ Nachsorge

Zielgruppe: Drogenabhängige (illegale Drogen) Männer und Frauen bis zum Alter von 40 Jahren.
In Teilbereichen besteht das Angebot seit 1972.

Arbeitsgrundlage/Methoden:
Fachlich qualifizierte und geistlich ausgerichtete Hilfen für Drogenabhängige; Ausgangspunkt aller Bemühungen ist das Menschenbild der Bibel.

Stellenbesetzung:
Insgesamt 22 vollzeitliche Mitarbeiter verschiedener Berufe, u.a. Dipl.-Sozialarbeiter, Arzt, Psychologe, Arbeitstherapeuten, Krankenschwester; zusätzlich 7 Zivildienstleistende und ca. 100 ehrenamtliche Mitarbeiter

Info:
Die oben genannte Einrichtung ist der Arbeitsgemeinschaft Christlicher Lebenshilfen (ACL) angeschlossen und ist Mitglied im Diakonischen Werk. Geistliche Heimat: Ev.-Freikirchliche Gemeinde Hannover.

»Neues Land« e.V.

An der Stadtmauer 10

Telefon: 0831 – 27 91 3
Fax: 0831 – 27 91 3

87435 Kempten

Leitung: Paul Pearman; Telefon: 0831 – 78 54 15 oder 08370 – 14 66,
Fax: 0831 – 78 54 01
Georg-Jakob Steinhauser; Telefon: 08373 – 75 71

Angebot:
◇ WGs für Frauen (Einzelpersonen); Zusammenleben in einer gemeinsamen Wohnung
◇ Hausgemeinschaft für Einzelpersonen/Familien/Teilfamilien; Zusammenleben in einem Haus mit einer eigenen Wohnung
◇ Betreute WG für Männer und Frauen auf einem bewirtschafteten Bau-
   ernhof. Gruppe: Menschen, die keine stationäre Therapie brauchen,
   aber (noch) die stützende und herausfordernde Gemeinschaft einer
   WG benötigen. Der Schwerpunkt: Selbständiges und eigenverant-
   wortliches Leben.
◇ Arbeitstraining auf dem Bauernhof, auch in Kombination mit ambu-
   lanter Beratung/Therapie möglich
◇ Aufnahme für eine begrenzte Zeit in einer Familie der Evangelisch-
   Freikirchlichen Gemeinde Kempten, die von einem »Neues Land«-
   Mitarbeiter begleitet wird (zur Neuorientierung bzw. als Sprungbrett
   zum (Wieder-)Einstieg ins Berufsleben).
Das Angebot besteht seit 1978.

Stellenbesetzung:
Hof: 2 Meister als Arbeitstherapeuten
WGs: Verschiedene ehrenamtliche Mitarbeiter

Info:
Mitglied in der ACL (Arbeitsgemeinschaft Christlicher Lebenshilfen) und
im Diakonischen Werk

»OIKOS«
gemeinsam geistlich leben
lernen e.V.
Angelika Vorländer

Büschelchen 9

51588 Nümbrecht-Grötzenberg

Telefon: 02293 - 80 62 2
Fax: 02293 - 80 62 2
e-mail: oikos@email.de
homepage:
www.cvjm.de/oikos

Leitung:
Angelika Vorländer und Christhart Vorländer

Angebot:

◇ Therapeutische Seelsorge
◇ Ehe-, Familien- und Erziehungsberatung
◇ Supervision
◇ Gemeindeberatung
◇ Konfliktberatung
◇ Seminare zu Themen des Glaubens, der Lebensgestaltung, der Pädagogik, der Ehe und Familie
◇ Ausbildungsseminare für Seelsorger/innen
◇ Gaben- und Persönlichkeitsseminare
◇ Urlaub mit Seelsorgeangebot in unserem Gästehaus im Westerwald für:
  ▷ Haupt- und ehrenamtliche Mitarbeiter/innen in der evang. Kirche und in freien Werken (CVJM, EC u.a), die seelsorgerlich tätig sind oder werden wollen
  ▷ Alle Interessierten
  ▷ Christen in Not

Das Angebot besteht seit 1987.

Arbeitsgrundlage/Methoden:

◇ Methodenvielfalt auf biblischer Basis
◇ Analytische Diagnose
◇ Innere Heilung
◇ Biblische Verhaltenstherapie
◇ Familientherapie
◇ Bibliodrama
◇ ADS Gruppen

158

Stellenbesetzung:

12 haupt- und nebenamtliche Mitarbeiter/innen (Theologie, Religions-
pädagogik, Familienberatung, Ärztin, Heilpädagogik, Ergotherapie,
Krankenpflege) in den Bereichen Oberberg – Westerwald – Aachen –
Köln – Remscheid

Info:

Wir gehören zum CVJM und damit zum Diakonischen Werk. Unser Seel-
sorgekurs ist auch als Fernkurs mit Kassetten, Buch und Kursmappe und
Briefbetreuung erhältlich.

Praxis für Paare & Familien,   Telefon: 04191 – 88 05 2
Schulung & Supervision   Fax: 04191 – 95 42 85

Am Bahnhof 13d

24568 Kaltenkirchen

Leitung:
Peter Bartning, Theologe, Heilpraktischer Psychotherapeut, Paar- und Familientherapeut (DFS), Systemischer Supervisor (DFS)

Angebot:
◇ Beratung und Therapie für:
  ▷ Einzelpersonen
  ▷ Paare
  ▷ Familien
◇ Trennungsbegleitung, Mediation
◇ Therapiegruppen, z.B. für Paare oder Heilung des »Inneren Kindes«
◇ Umgang mit Glaubensfragen
◇ Referate, Seminare, Schulungen – auch für Gemeinden, Mitarbeiter, Vorstände, Seelsorger usw. (Themenliste bitte anfordern)
◇ Supervision für Einzelpersonen oder Teams; auch »vor Ort«, z. B. für kirchliche Mitarbeiter, soziale Einrichtungen, klinische Einrichtungen
Das Angebot besteht seit 1988.

Arbeitsgrundlage/Methoden:
Grundlage: Gottes liebevolle Fürsorge, die auch Gestalt gewinnt durch:
◇ Transaktionsanalyse
◇ Klientenzentrierte Spieltherapie (für Kinder)
◇ Systemische und Schulen übergreifende Paar- und Familientherapie

Stellenbesetzung:
Peter Bartning, Theologe, Heilpraktischer Psychotherapeut, Paar- und Familientherapeut (DFS), Systemischer Supervisor (DFS)

Info:
Ausführliche Themenliste bitte anfordern.
Weitere Praxis auch in Hamburg (West).

Praxis für Psychologie
Brandhaldeweg 1
Poststr. 12

72213 Altensteig

Telefon: 07453 – 36 63
Fax: 07453 – 36 68
e-mail: paginae@
t-online.de

Leitung:
Matthias Friedsam, Dipl.-Psychologe, Psychotherapeut

Angebot:
Das Leistungsangebot umfasst:
◇ Psychotherapie für Einzelpersonen, Paare, Familien, Gruppen
◇ Seelsorge nach biblischen Leitlinien
◇ Supervision/Coaching bei beruflichen Konflikten
◇ Theaterarbeit im Dienste der Gemeinschaft, Bildung fester Gruppen, Einführung und Vertiefung in die improvisatorische Inszenierungsweise
◇ Referate/Vorträge zu angefragten Themen
Die Praxis wird seit September 1996 geführt. Alle Kassen.

Arbeitsgrundlage/Methoden:
Die Psychotherapie orientiert sich an psychoanalytisch/tiefenpsychologischen Theorien. Zusätzlich arbeite ich nach der klassischen Psychodrama-Methode von J. L. Moreno. Die Seelsorge basiert auf biblischen Wertvorstellungen und hat eine Gottesbeziehung und ein Glaubensverständnis mit Alltagsrelevanz zum Ziel. Supervision und Coaching will Arbeitsstörungen beheben und das optimale persönliche Leistungsniveau aktivieren. Die Theaterarbeit (»Playback Theatre« nach J. Fox) ist keine Psychotherapie oder Seelsorge, sondern eine wertvolle Gruppenleistung, die mit ihren Aufführungen auf die Festigung von Gemeinschaften angelegt ist. Ein guter Ort für Menschen mit künstlerischen Neigungen. Referate insbesondere über menschliche Erfahrungen im Spiegel der Heiligen Schriften des Alten und Neuen Testamentes.

Stellenbesetzung:
Matthias Friedsam, Dipl.-Psychologe, Psychologischer Psychotherapeut, Playback Practicioner, Psychodramatherapeut

Praxis für Psychotherapie und Beratung

Telefon: 0208 – 38 10 56
Fax: 0208 – 38 10 57

Sauerbruchstr. 12/II

45470 Mülheim

Leitung:
Johanna Jesse-Goebel (Dipl.-Pädagogin – Psychotherapie)

Angebot:
◇ Psychotherapie und Psychologische Beratung für Einzelpersonen, Paare und Familien
◇ Supervision auf Anfrage (versch. Berufsgruppen)
◇ Weiterbildung auf Anfrage (z.B. VHS, versch. Berufsgruppen z.B. Lehrer et al.)
◇ Thematische Seminare
◇ Vorträge zu verschiedenen Themen auf Anfrage (Grenzbereich: Psychotherapie, Theologie, Ethik et al.)
Das Angebot besteht seit 1989.

Arbeitsgrundlage/Methoden:
◇ Transaktionsanalyse (E. Berne)
▷ verhaltenstherapeutisch
▷ tiefenpsychologisch
▷ systemisch orientiert je nach Vertragsgrundlage bzw. Störungsbild

Stellenbesetzung:
Johanna Jesse-Goebel, Dipl.-Pädagogin, Psychotherapeutin-HPG

Praxis für Psychotherapie
– Biblisch-Therapeutische
Seelsorge –

Am Schürhof 6

52134 Herzogenrath

Telefon: 02406 – 93 09 5
Fax: 02406 – 93 09 5
e-mail: PPTKluge@aol.com

Leitung:
Rosemarie Kluge (Dipl.-Sozialarbeiterin, Psychotherapie BTS, HP)

Angebot:
◇ Beratung und Therapie für Menschen in Konfliktssituationen und bei psychischen Störungen.
Das Angebot besteht seit 1994.

Arbeitsgrundlage/Methoden:
Gemäß dem Konzept der Deutschen Gesellschaft für Biblisch-Therapeutische Seelsorge werden Methoden aus der Tiefenpsychologie, Verhaltenstherapie und Gesprächstherapie, neben den klassischen Seelsorgeformen je nach Notwendigkeit eingesetzt.

Stellenbesetzung:
Rosemarie Kluge, Dipl.-Sozialarbeiterin, Heilpraktikerin/Psychotherapie (BTS); Reinhard Hapke, Heilpraktiker, Psychotherapie (BTS) als freier Mitarbeiter

Praxis für Psychotherapie Telefon: 08373 – 75 71
Georg Jakob Steinhauser

Kuppel 1

87452 Altusried

Leitung:
Georg Jakob Steinhauser, Dipl.-Sozialpädagoge (FH), Paar- und Familientherapeut, Psychotherapie (HPG), Supervisor

Angebot:
◇ Einzel-, Paar- und Familientherapie
◇ Gruppentherapie, Innere Heilungsgruppe
◇ Supervision für Einzelpersonen, Seelsorger, Therapeuten, Einrichtungen oder Betriebe
◇ Schulungen und Seminare (Eheseminar, Männerseminar, Jüngerschaftsseminar)
◇ In Einzelfällen mögliche Kombination von ambulanter Beratung/ Therapie und Arbeitstraining auf dem Bauernhof, auf dem wir leben oder Aufnahme in eine der WGs des »Neues Land« e.V. für:
  ▷ Menschen in Krisen, mit Beziehungskonflikten, Depressionen, Neurosen, Phobien und anderen psychischen Störungen, psychosomatische Erkrankungen, Suchtproblemen und Paarproblemen, Verhaltensstörungen bei Kindern.
Das Angebot besteht seit Mai 1983.

Arbeitsgrundlage/Methoden:
◇ Integrative Paar- und Familientherapie
◇ Innere Heilung durch Vergebung und Gehorsam in der Nachfolge Jesu
◇ Verhaltenstherapeutische Interventionen sowie analytische Hintergrundbearbeitung, ausgehend vom biblischen Menschenbild
◇ Heilende Gruppe: Psychomotor, Therapie A. Pess, Leitung des Heiligen Geistes
◇ Integrativer, wachstumsorientierter Ansatz

Stellenbesetzung:
Georg Jakob Steinhauser, Dipl.-Sozialpädagoge (FH), Paar- und Familientherapeut; Christa Steinhauser, Dipl.-Sozialpädagogin (FH), Christliche Therapeutin; Monika Baumann, Seelsorgerin; Bea Mleschnitza, Seelsorgerin

Info:
Diese Einrichtung ist Mitglied der ACL (Arbeitsgemeinschaft Christlicher Lebenshilfen).

164

Praxis für Psychotherapie und Biblisch-Therapeutische Seelsorge

Lohmühlenweg 27

53881 Euskirchen

Telefon: 02251 – 58 65 9
Fax: 02251 – 58 65 9
e-mail: RHapke@ t-online.de
homepage: www.reinhard-hapke.de

Leitung:
Reinhard Hapke, selbstständiger Heilpraktiker (Psychotherapie) und Biblisch-Therapeutischer Seelsorger

Angebot:
◇ Therapeutische Seelsorge für Einzelpersonen, Paare und Familien
◇ Gruppentherapie nach BTS für Frauen und Männer
◇ Ehe- und Ehevorbereitungsseminare mit Kommunikationstraining
◇ Persönlichkeitstests und -diagnostik
◇ Progressive Muskelentspannung
◇ Kunst- und Musiktherapie
◇ Seminare zur sozialen Kompetenz
Dieses Angebot besteht seit März 1997 für den Bereich Köln – Bonn – Aachen – Eifel in Nordrhein-Westfalen.

Arbeitsgrundlage/Methoden:
◇ Grundlage ist der christliche Glaube und das biblische Menschenbild
◇ Integrative Therapieform mit methodenübergreifender Psychotherapie nach DGBTS
◇ Wahlmöglichkeiten zwischen klassischer Seelsorge, gesprächstherapeutischen, verhaltenstherapeutischen oder individualpsychologischen Methoden

Stellenbesetzung:
Reinhard Hapke, Heilpraktiker (Psychotherapie) mit Abschluss der BTS-Ausbildung
Iris Hapke, Heilpraktikerin (Psychotherapie) mit Abschluss der BTS-Ausbildung

Praxis für Therapeutische   **Telefon: 06221 – 60 25 75**
Seelsorge und Christliche
Psychotherapie
Dipl.-Psychologe
Gerhard Krumbach

Hauptstr. 20

69117 Heidelberg

Leitung:
Gerhard Krumbach, Diplom-Psychologe

Angebot:
◇ Christliche Psychotherapie
◇ Psychologische Beratung und Seelsorge
◇ Geistliche Begleitung
◇ Paarberatung und Paartherapie
◇ Therapie von Stimm- und Sprechproblemen
◇ Kommunikationstraining für Einzelne, Paare und Gruppen
◇ Supervision für Seelsorger, Therapeuten, kirchliche Mitarbeiter
◇ Coaching für Personen mit Leitungsaufgaben
◇ Workshopangebote zu aktuellen Themen
◇ Christliche Meditation und Kontemplation
Das Angebot besteht seit 1988.

Arbeitsgrundlage/Methoden:
◇ Tiefenpsychologisch fundierte Psychotherapie.
◇ Die Bibel
◇ Christliches Liedgut
◇ Gestalttherapie
◇ Systemische Familientherapie
◇ Leibarbeit
◇ Konzentrative Entspannungstherapie

Stellenbesetzung:
1 Stelle: Psychologischer Psychotherapeut, Gestalttherapeut (IGW), Sprechtherapeut (BVS), Paar- und Kommuniktionstrainer (IFAK)

Projekt Kaffeetwete 3

Zum Schuntertal 11

38154 Königslutter-Glentorf

Telefon: 05365 – 23 02
Fax: 05365 – 23 16
e-mail: Kaffeetwete@
t-online.de
homepage:
www.spektrumhn.de

Leitung:
Lothar Berg, Sozialarbeiter/Sozialtherapeut (GVS)

Angebot:
Für drogen- und mehrfachabhängige Menschen;
Alter: 18–50 Jahre; Dauer 10 Monate
◇ Therapeutische Gemeinschaft Glentorf:
  ▷ Allein erziehende Väter und Mütter mit Kindern (bis 12 Jahre),
    Familien, (Ehe-)Paare, (schwangere) Frauen; 12 Plätze, 8 Plätze
    für begleitende Kinder, pädagogisch-therapeutisches Programm
    für die Kinder
◇ Therapeutische Gemeinschaft Lehre:
  ▷ Männer, 13 Plätze

Anerkannt durch:
Landesversicherungsanstalten, Sozialhilfeträger, Krankenkassen, die die
Kosten übernehmen nach § 35 BTMG »Therapie statt Strafe«.

Kontraindikationen: Primäre Alkohol-/Medikamenten-Abhängigkeit
Akute Psychosen.
Im Anschluss Betreutes Wohnen; Gründung 1971.

Hauptziele der Therapie:
  ▷ Dauerhafte und vollständige Suchtmittelabstinenz
  ▷ Soziale und berufliche (Re-)Integration
  ▷ Angebot ganzheitlicher Lebensorientierung durch den christli-
    chen Glauben

Arbeitsgrundlage/Methoden:
◇ Psychoanalytische, verhaltenstherapeutische und andere anerkannte
  Therapieverfahren auf der Grundlage des biblischen Menschenbildes
◇ Medizinische Versorgung
◇ Gruppen- und Einzelpsychotherapie
◇ Arbeits- und Kreativtherapie
◇ Sozialberatung und Arbeitspraktika
◇ Gruppenfahrten, Freizeitgestaltung

Stellenbesetzung:
1 Ärztin, 1 Dipl.-Psychologe/Psychologischer Psychotherapeut, 4 Dipl.-Sozialarbeiterinnen mit Zusatzausbildungen als Sozialtherapeutinnen (GVS) oder Tanz- und Bewegungstherapeutin, 1 Ergotherapeutin, 2 Arbeitspädagogen, 2 Krankenschwestern, 9 Ex-User/innen

Info:
Mitglied im Diakonischen Werk Braunschweig
Mitglied in der Arbeitsgemeinschaft Christlicher Lebenshilfen (ACL)

Psychologische Beratung und Seelsorge
Mechthild Schmidt
Richard Schmidt

Telefon: 05206 – 55 39
Fax: 05206 – 55 39

Vilsendorfer Str. 112 b

33739 Bielefeld

Leitung:
Mechthild Schmidt, Psychologische Beraterin, Therapeutische Seelsorgerin; Richard Schmidt, CVJM-Bundessekretär, Lebens- und Eheberater

Angebot:
◇ Psychologische Beratung und Seelsorge
◇ Krisenberatung
◇ Eheberatung
◇ Familienberatung
◇ Supervision
◇ Seelsorge- und Eheseminare und Schulung in Zusammenarbeit mit dem CVJM-Westbund, Wuppertal
◇ Vorträge
Das Angebot besteht seit 1991.

Arbeitsgrundlage/Methoden:
◇ Individualpsychologie nach A. Adler
◇ Klientenzentrierte Gesprächsführung
◇ Rational-Emotive-Therapie
◇ Seelsorge
◇ Focusing

Stellenbesetzung:
Mechthild Schmidt, Psychologische Beraterin, Therapeutische Seelsorgerin (FVDP und ITS – Ruthe/R. Ruthe/L. Ruthe-Preiss); Richard Schmidt, CVJM-Bundessekretär, Lebens- und Eheberater (ITS – Ruthe/R. Ruthe/L. Ruthe-Preiss und DAJEB)

Psychologische Beratungspraxis
Heidi Keinath-Ennen

Heilig-Brünnlestr. 51

72461 Albstadt

Telefon: 07432 – 41 44
Fax: 07432 – 17 10 63
e-mail: t.ennen@t-online.de

Leitung:
Heidi Keinath-Ennen, Theologin, Ehe- und Familienberaterin (EKFuL)

Angebot:
◇ Psychologische Beratung, Therapie Schwerpunkte:
  ▷ Paarberatung/Therapie,
  ▷ Sexualberatung/Therapie
  ▷ Angststörungen
  ▷ Depression
  ▷ psychosomatische Beschwerden
  ▷ Krisenintervention
  ▷ Selbsterfahrungsgruppe für Männer und Frauen
  ▷ Vorträge
  ▷ Ehe- und Partnerschaftsseminare; Altersgruppe: Erwachsene
Das Angebot besteht seit 1992.

Arbeitsgrundlage/Methoden:
◇ Tiefenpsychologisch orientierte Beratung/Therapie
◇ Systemische Psychotherapie
◇ Familienaufstellungen (nach Bert Hellinger)

Stellenbesetzung:
Heidi Keinath-Ennen, Theologin, Ehe- und Familienberaterin

Psychologische Praxis　　　Telefon: 0 74 57 - 49 46
Renate Hagenbuch　　　　Fax: 074 57 - 49 46
Dipl.-Psychologin

Weingartenstr. 25

72108 Rottenburg-Hailfingen

Leitung:
Renate Hagenbuch, Diplom-Psychologin, Psychologische Psychotherapeutin

Angebot:
◇ Psychotherapie in Einzelgesprächen für Erwachsene
◇ Eheberatung
◇ Stressmanagement
◇ Entspannungstherapie nach Jacobson
Die Praxis besteht seit 1991.

Arbeitsgrundlage/Methoden:
◇ Verhaltenstherapie mit Kassenzulassung
◇ Seelsorge

Stellenbesetzung:
Renate Hagenbuch, approbierte Psychologische Psychotherapeutin,
Diplom-Psychologin

Psychotherapeutische Praxis
Lebensberatung unter
christlicher Verantwortung
Jörg-Michael Betz

Asternstr. 24

Telefon: 09101 – 76 24
Fax: 09101 – 76 86
e-mail: info@jmbetz.de
homepage:
www.jmbetz.de

90617 Puschendorf

Leitung:
Jörg-Michael Betz, Psychotherapeut (HPG)

Angebot:
◇ Therapeutische Seelsorge für Einzelpersonen und Paare
◇ Therapeutische Gesprächsgruppen für Frauen oder Männer
◇ Erziehungsberatung
◇ Partner-Interaktions-Training
◇ Selbstsicherheitstraining
◇ Ehevorbereitungsseminare
◇ Familien-Training (nach Th. Gordon)
◇ Persönlichkeits-Tests
◇ Praxisberatung für Hauptberufliche aus dem kirchlichen Bereich für:
  ▷ Menschen in seelischen Notlagen
  ▷ Christen, die an Persönlichkeitsdefiziten arbeiten wollen
  ▷ Ehepaare mit Beziehungsproblemen
  ▷ alle, die ihr Kommunikationsverhalten in der Partnerschaft oder in der Familie verbessern wollen
Das Angebot besteht seit 1993.

Arbeitsgrundlage/Methoden:
Biblisch-Therapeutische Seelsorge (BTS), d.h. die Einbindung bewährter und christlich verantwortbarer Methoden der Psychotherapie in das seelsorgerliche Handeln. Je nach Situation besteht die Wahlmöglichkeit zwischen klassischer Seelsorge, gesprächstherapeutischen, verhaltenstherapeutischen oder individualpsychologischen Methoden.

Stellenbesetzung:
Margit Betz, Dipl.-Pädagogin, BTS, Gordon-Trainerin; Jörg-Michael Betz, Theologie (sem.), BTS, Klinische Seelsorgeausbildung (KSA), Psychotherapie (HPG)

Psychotherapeutische Praxis　　**Telefon: 0 2351 - 27 42 9**
Dipl.-Psychologin Sibylle Obitz

Rathausplatz 23

58507 Lüdenscheid

Leitung:
Sibylle Obitz, Dipl.-Psychologin, Psychologische Psychotherapeutin

Angebot:
◇ Ambulante Psychotherapie für Erwachsene mit psychischen Störun-
　gen und Krankheiten
Das Angebot besteht seit 1992. (Abrechnung erfolgt über die Krankenkassen.)

Arbeitsgrundlage/Methoden:
◇ Verhaltenstherapie
◇ Christliche Therapie in Anlehnung an IGNIS
◇ Kognitive Therapie
◇ Gesprächstherapie

Stellenbesetzung:
Sibylle Obitz, Dipl.-Psychologin, Psychologische Psychotherapeutin, von
der Kassenärztlichen Vereinigung zugelassene Verhaltensherapeutin

Rapha El
Christliche Seelsorge und
Therapie

Otto-Seeling-Promenade 14

90762 Fürth

Telefon: 0911 - 74 37 97 3
Fax: 0911 - 74 37 39 4
e-mail: uta.mr@gmx.net

Leitung:
Uta Müller-Rehhatsch, Christliche Therapeutin (IACP), Diplom-Sozial-
pädagogin (FH), Heilpraktikerin (PT)

Angebot:
◇ Einzel- und Paartherapie
◇ Supervision - Gruppen - Seminare
◇ Christliche Therapie bei:
   ▷ Depressiven Verstimmungen
   ▷ Ängsten, Zwängen, Sexualstörungen
   ▷ Beziehungsproblemen
   ▷ Aufarbeitung von Missbrauchserfahrungen
   ▷ Persönlichkeitsstörungen, Identitätsproblemen
   ▷ Lebenskrisen
   ▷ Glaubenskrisen

Arbeitsgrundlage/Methoden:
◇ Grundlage ist das biblisch-christliche Menschenbild sowie das aposto-
   lische Glaubensbekenntnis
◇ Vergebung, Gebet
◇ Anti-Okkult-Therapie
◇ Verhaltenstherapie
◇ Familientherapie
◇ Kreative Übungen

Stellenbesetzung:
Uta Müller-Rehhatsch, Christliche Therapeutin (IACP), Dipl.-Sozialpä-
dagogin (FH), Heilpraktiker (PT); Pia Rose, Dipl.-Pädagogin, Christliche
Beraterin (IGNIS), Heilpraktiker (PT); Wolfgang Höhn, Dipl.-Psychologe

Seelsorge-Schulung Karlsruhe/
SSK
Günter und Mechthild Kretz

Telefon: 0721 – 67 85 06
e-mail: g.kretz@t-online.de

Wehlauerstr. 53

76139 Karlsruhe

Leitung:
Günter Kretz, Therapeutischer Seelsorger (ITS), HP für Psychotherapie

Angebot:
◇ Seelsorge
◇ Schulung für Mitarbeiter in christlichen Werken und Gemeinden
◇ Aus- und Fortbildung zum Christlichen Berater/Seelsorger
◇ Supervision
◇ Seminare zu Lebens- und Glaubensfragen
Das Angebot besteht seit 1990.

Arbeitsgrundlage/Methoden:
◇ Das ganzheitliche Menschenbild auf dem Fundament der Bibel.
◇ Ergänzend werden psychologische und pädagogische Konzepte herangezogen, soweit sie nicht im Widerspruch zur Bibel stehen.

Stellenbesetzung:
Das Dozententeam setzt sich z. Zt. aus 2 Dozenten (1 Dipl.-Psychologe/ Psychotherapeut sowie 1 Therapeutischer Seelsorger (ITS), HP für Psychotherapie) sowie bei Bedarf aus speziellen Gastdozenten zusammen.

Info:
Interessierte Gemeinden, Gemeinschaften und christliche Werke können sich zwecks Gestaltung und Durchführung von Seelsorgeschulungen, Seminaren und Vorträgen etc. mit dem Schulungsleiter Günter Kretz unter der o. g. Adresse in Verbindung setzen.

Sozialwerk der Volksmission Geislingen e.V.

Ortsstr. 4b

Telefon: 07337 - 73 93 (Büro)
Fax: 07337 - 64 02 (WG)

89191 Nellingen-Aichen

Leitung:
Andrea Klepsch, Thomas Klepsch

Angebot:
◇ Betreutes Wohnen in landwirtschaftlichem Anwesen; Zielgruppe: Männer und Frauen, die aufgrund psychischer oder sozialer Schwächen zeitlich begrenzte Lebenshilfe im Rahmen einer betreuten Wohngemeinschaft suchen, z.B.
▷ nach Therapieaufenthalt (Psychiatrie bzw. Suchttherapie)
▷ nach Entlassung aus dem Strafvollzug
▷ Menschen in einer Lebens- bzw. Glaubenskrise
Keine Altersbeschränkung. Das Angebot besteht seit 1995.

Arbeitsgrundlage/Methoden:
◇ Aufarbeitung der Lebensprobleme in Einzel- und Gruppengesprächen aus biblisch-therapeutischer Sichtweise
◇ Praktische Unterstützung und Begleitung z.B. Arbeitssuche, Behördengänge, Finanzen
◇ Arbeitstraining in Hauswirtschaft, Holzwerkstatt, Gartenbau und Tierversorgung
◇ Unterstützung beim Aufbau eines neuen sozialen Umfeldes

Stellenbesetzung:
Andrea Klepsch, Arzthelferin, BTS-Seelsorgerin i.A.
Thomas Klepsch, Polizeibeamter, Diakon
Maria Raichle, Bäckerin, Seelsorgerin i.A.
verschiedene ehrenamtliche Mitarbeiter

SPEKTRUM – Lebensberatung
Edelgard Kesch

Oststraße 18

74072 Heilbronn

Telefon: 07131 – 17 02 17
Fax: 07131 – 17 02 18
e-mail: spektrumhn@
gmx.de
homepage:
www.spektrumhn.de

Leitung:
Edelgard Kesch, Psychologische Beraterin

Angebot:
◇ Allgemeine Lebensberatung als Einzel-, Paar- und Gruppenberatung; besondere Schwerpunkte:
   ▷ Beratung von psychisch Erkrankten und Angehörigen
   ▷ Beratung für Frauen nach Krebs
   ▷ Beratung bei allen Schwangerschaftsfragen
   ▷ Sexualberatung
◇ Seminare, Workshops und Vorträge auf Anfrage
◇ Supervision für soziale Berufsgruppen, Supervision für BeraterInnen und SeelsorgerInnen
Das Angebot gilt für Erwachsene und Jugendliche ab 16 Jahren. Es besteht seit Juni 1997.

Arbeitsgrundlage/Methoden:
◇ Christliches Menschenbild
◇ Innere Heilung
◇ Systemische Beratung
◇ Lösungsorientierte Beratung
◇ Verhaltensorientierte Beratung

Stellenbesetzung:
3 Mitarbeiter: Edelgard Kesch, Psychologische Beraterin, Seelsorgerin; Simone Scholten, Dipl.-Sozialpädagogin (FH); Dr. Michael Scholten, Facharzt für Gynäkologie

Info:
Mitglied im BSFP (Bundesverband der Sozialwerke Freikirchlicher Pfingstgemeinden, Arbeitszweig des BFP KdöR)

Klaus Spielvogel

Kaakweg 1B

37077 Göttingen

Telefon: 0551 – 30 07 81
Fax: 0551 – 30 07 81
e-mail: Spielvogel.Klaus@
t-online.de

Leitung:
Klaus Spielvogel, Diplom-Handelslehrer, hauptamtlicher Mitarbeiter der
Navigatoren, Therapeutischer Seelsorger (Ausbildung bei Reinhold
Ruthe)

Angebot:
◇ Beratung (für Jugendliche bis Rentner) bei:
    ▷ Selbstwertproblemen, Ängsten und Depressionen
    ▷ Konflikten im Berufs- und Lebensalltag
    ▷ Beziehungsschwierigkeiten (in Freundschaft, Ehe, Familie, Beruf)
    ▷ Glaubensfragen
Das Angebot besteht seit 1990.

Arbeitsgrundlage/Methoden:
◇ Biblisches Menschenbild und die Aussage der Bibel
◇ Kognitive Gesprächstherapie
◇ Individualpsychologie
◇ Verhaltenstherapie

Stellenbesetzung:
Klaus Spielvogel, Diplom-Handelslehrer, hauptamtlicher Mitarbeiter der
Navigatoren, Therapeutischer Seelsorger (Ausbildung bei Reinold Ruthe)

SURREXIT e.V.

Hans-Sachs-Str. 5

Telefon: 0 7141 – 90 28 27
Fax: 0 7141 – 90 28 37

71638 Ludwigsburg

Leitung:
Gerda Krüger, Dipl.-Sozialarbeiterin/Sozialtherapeutin

Angebot:
◇ Ambulante seelsorgerlich-therapeutische Beratung
◇ Seelsorgerlich-therapeutische Intensivwochen (Einzel- und Gruppen-gespräche)
◇ Seelsorgerlich-therapeutische Schulungen/Seminare/Vorträge
◇ Supervision:
　　▷ in Gemeinden und christlichen Werken
　　▷ für hauptamtliche Mitarbeiter
　　▷ für Seelsorger (insbesondere Supervisionsseminare)
Das Angebot besteht seit 1983. Der Verein wurde 1991 gegründet.

Arbeitsgrundlage/Methoden:
Grundlage ist der christliche Glaube und das biblische Menschenbild. Ein-bezogen werden einige analytisch-orientierte Ansätze. Aufgrund langjäh-riger klinischer und ambulanter Tätigkeit arbeiten wir seelsorgerlich sehr praxisbezogen.

Stellenbesetzung:
3 Mitarbeiterinnen (Sozialarbeiterinnen/Sozialtherapeutin) in Zusam-menarbeit mit Sozialarbeitern, Psychologin, Arzt und ehrenamtlichen Mitarbeitern

Susanne Schwanfelder
Praxis für Psychotherapie und
Therapeutische Seelsorge

Telefon: 0911 - 76 58 71 9
Fax: 0911 - 76 58 71 8

Waldstr. 9

90587 Obermichelbach

Leitung:
Susanne Schwanfelder, Praxis für Psychotherapie (HPG)

Angebot:
◇ Therapeutische Seelsorge für Einzelpersonen und Paare
◇ Therpeutische Gesprächsgruppen für Frauen
◇ Prepare/Enrich-Beratung für Paare
◇ Persönlichkeitstests
◇ Vorträge und Seminare für:
   ▷ Menschen in seelischen Nöten
   ▷ Ehepaare in Beziehungsproblemen
   ▷ Christen, die therapeutische Seelsorge suchen
   ▷ Menschen, die an seelischen Krankheiten leiden und Begleitung suchen
Das Angebot besteht seit 1998.

Arbeitsgrundlage/Methoden:
◇ Biblisch-Therapeutische Seelsorge (BTS), das heißt die Einbindung bewährter und christlich verantwortbarer Methoden der Psychotherapie in das seelsorgerliche Handeln. Der Situation entsprechend besteht die Möglichkeit der klassischen Seelsorge und von gesprächstherapeutischen, verhaltenstherapeutischen und individualpsychologischen Methoden.

Stellenbesetzung:
Susanne Schwanfelder (BTS-Ausbildung, Prepare/Enrich-Eheberaterin, Heilkundliche Psychotherapeutin)

Info:
Vorstandsmitglied des HISKIA e.V. (Hilfe in seelischen Krisen für Alle e.V.)

Renate und Reinhold Stolz
Praxis für Psychotherapie
und Therapeutische Seelsorge

Telefon: 02739 – 74 24
Fax: 02739 – 74 24

Freier-Grunder-Str. 135

57234 Wilnsdorf-Wilden

Leitung:
Renate Stolz, Heilpraktikerin

Angebot:
◇ Beratung/Therapie für Einzelpersonen, Paare und Familien
◇ Therapeutische Seelsorge
◇ Vorträge, Seminare und Schulungen
für Menschen mit
  ▷ Ehe- und Familienproblemen
  ▷ Erziehungsschwierigkeiten
  ▷ Angstzuständen
  ▷ Suchtproblemen
  ▷ Depressionen
  ▷ Schwierigkeiten im Beruf
Alle Altersgruppen. Das Angebot besteht seit 1992.

Arbeitsgrundlage:
◇ Individualpsychologie
◇ Gestalttherapie
◇ Psychodrama
◇ Systemische Familientherapie

Stellenbesetzung:
Renate Stolz, Heilpraktikerin, Gestaltberaterin; Reinhold Stolz, Therapeutischer Seelsorger, Gestaltberater, Psychodramaassistent, Systemischer Therapeut

Tabea e.V.

Beratungsstelle für Trauernde

Hausanschrift Berlin: c/o Foyer an der Gedächtniskirche

Breitscheidplatz, 10789 Berlin

Infotelefon (Berlin): 030 – 495 57 47

Geschäftsstelle Lüneburg, Rehrweg 6, 21335 Lüneburg

Telefon: 04131 – 73 30 77, Fax: 04131 – 73 30 78

e-mail: TABEA-eV@t-online.de

Leitung:
Annette Dobroschke-Bornemann, Geschäftsführung

Angebot:
◇ Zielgruppe: trauernde Menschen; Schwerpunkt: verwaiste Eltern, trauernde Geschwister
1) Trauerbegleitung
  ▷ Telefonische Beratung, persönliche Gespräche/Gesprächsreihen
  ▷ Trauergruppen mit unterschiedlichen Schwerpunkten, Leihbibliothek
  ▷ bundesweite Trauerseminare, Gedenkgottesdienste
  ▷ Beratung und Anleitung von Angehörigen sterbender Menschen
2) Mediation in Trennungs- und Trauersituationen
  ▷ Fortbildung professioneller BegleiterInnen
  ▷ Themen: Sterbebegleitung, Trauerbegleitung, Kind und Tod, Suizid, Burnout

Arbeitsgrundlage/Methoden:
◇ Methodische Ausrichtungen
◇ Krisenpädagogik
◇ Lösungsorientierte Kurztherapie
◇ Klientenzentrierte Gesprächsführung
◇ Ansatzpunkte: aktuelle Krise, spirituelle Krise, Glaubensfragen

Stellenbesetzung:
Geschäftsführerin, Trauerbegleiterin, Mediatorin; Hebamme mit Spezialisierung auf Betreuung verwaister Eltern; Ehrenamtliches Team

Info:
Mitglied im Diakonischen Werk Berlin-Brandenburg.
Anerkannter Träger der freien Jugendhilfe.

TEAM. F
Neues Leben für Familien e.V.

Berliner Str. 16

58511 Lüdenscheid

Telefon: 02351 – 81 68 6
Fax: 02351 – 80 66 4
e-mail: info@team-f.de
homepage: www.team-f.de

Leitung:
Dirk und Christa Lüling, Lüdenscheid
Eberhard und Claudia Mühlan, Braunschweig

Angebot:
Vertiefung bzw. Heilung der Familienbeziehungen durch:
◇ Wochenendseminare und Familienwochen
◇ Gemeindevorträge und -seminare
◇ Ehe-Abendkurse
◇ Familientage
◇ Seelsorgerliche Beratung
◇ Mitarbeiterschulung für:
  ▷ Vertiefung der Ehebeziehung
  ▷ Ehevorbereitung
  ▷ Kindererziehung
  ▷ Alleinerzieher
  ▷ Väter und Söhne/Kinder
Das Angebot besteht seit 1987.

Arbeitsgrundlage/Methoden:
Neben der Bibel eigene Lebenserfahrung der Mitarbeiter und ihrer
Familien

Stellenbesetzung:
Regionalbüros gibt es zur Zeit in den Städten: Andorf (Österreich), Bad
Kreuznach, Braunschweig, Dresden, Frankfurt/Oder, Tabarz, Hamburg,
Kassel, Lüdenscheid, Nürnberg. – In der Entstehung: Angebote in Frank-
reich und Ungarn.

TEEN CHALLENGE Stuttgart e.V.
Rehabilitationszentrum
»Schlößle«

Telefon: 07947 – 77 44
Fax: 07947 – 70 13

Hüfengasse 2

74670 Forchtenberg-Metzdorf

Adaptions- u. Nachsorgeeinrichtung
»Bernhardsmühle«

Telefon: 07942 – 45 14
Fax: 07947 – 70 13
e-mail: tcstgt@aol.com

Bernhardsmühle 1

74632 Neuenstein

Leitung:
Edith Wenger, Jugendpastorin, Sozialtherapeutin

Angebot:
◇ Langzeittherapie (1),
◇ Adaption und Nachsorge für suchtkranke Frauen (18–40 Jahre) (2)
Das Angebot besteht seit 1973 (1) bzw. 1994 (2).

Arbeitsgrundlage/Methoden:
Grundlage unseres Therapieangebotes ist das biblische Menschenbild.
Zur Verwirklichung der daraus resultierenden Ziele dienen außer Gebet
und Seelsorge auch Elemente aus verschiedenen Psychotherapieformen.

Stellenbesetzung:
6 Mitarbeiter: 1 Sozialtherapeutin, 1 Sozialarbeiterin, 1 Pastoralassisten-
tin, 1 Psychologin, 1 Technischer Mitarbeiter, 1 Hausmutter

Info:
Die Einrichtung ist der Arbeitsgemeinschaft Christlicher Lebenshilfen
(ACL) angeschlossen.

Therapeutische Seelsorge
Lebensberatung auf biblischer
Grundlage im EC-Landes-
verband Bayern
Michael Hübner

Lange Länge 26

91564 Neuendettelsau

Telefon: 09874 – 66 77 7
Fax: 09874 – 66 77 8
Büro: 09171 – 70 11 9
Büro/Fax: 09171 –
80 87 02 1
e-mail: Hübner.Seels@
t-online.de
homepage:
www.ec-bayern.de

Leitung:
Michael Hübner, Dipl.-Religionspädagoge (FH), Psychotherapeut
(HPG), Approbierter Kinder- und Jugendlichenpsychotherapeut
(VDPP)

Angebot:
◇ Ehe-, Familien- und Einzeltherapie
◇ Gruppentherapie
◇ Supervision
◇ »TS-Seelsorgerseminare«, EPL-Trainerausbildung (Ehekommuni-
kation)
◇ Elternabende, Erziehungsberatung
◇ Eheseminare/Ehevorbereitungsseminare/EPL-Trainings
◇ Vortragsarbeit/Schulungsarbeit
◇ Familienmaßnahmen (Freizeit, Familiencamp, Mutter- und Vater-
Kind-Tage) für:
  ▷ Seelsorgesuchende – auch zur Prävention
  ▷ Seelsorger, Therapeuten und Vollamtliche
◇ Schuldnerberatung
Das Angebot besteht seit 1990.

Arbeitsgrundlage/Methoden:
Vorwiegend Individualpsychologie (Lebensstilanalyse), EPL, Lebensberatung und Therapie nach biblischen Wertmaßstäben

Stellenbesetzung:
Utina Hübner, Therapeutische Seelsorgerin ITS – Ruthe (R. Ruthe/L.
Ruthe-Preiss), Psychotherapeutin/HPG: Michael Hübner, Therapeuti-
scher Seelsorger ITS – Ruthe (R. Ruthe/L. Ruthe-Preiss), Psychothera-

peut/HPG in Zusammenarbeit mit Ärzten und ausgebildeten ehrenamtlichen Mitarbeitern

Info:
Jährliche Broschüre über Seelsorgerausbildung, Freizeiten, Angebote für Jugendliche, Eheleute und Familien; Info-Faltblatt über die Einrichtung. Dies ist eine Einrichtung des Bayerischen Jugendverbandes »Entschieden für Christus« (EC).

Therapeutische Seelsorge　　　**Telefon: 037421 – 23 02 7**
Lebens- und Eheberatung　　　**Fax: 037421 – 23 01 5**

Alte Reichenbacher Str. 39

08606 Oelsnitz/Vogtland

Leitung:
Dieter Leicht, Dipl.-Religionspädagoge (FH), Therapeutischer Seelsorger (ITS); Ausbildung: Systemische Therapie (Sächsische Gesellschaft für Systemische Therapie)

Angebot:
◇ Therapeutische Seelsorge
◇ Ehe- und Familienberatung
◇ Supervision

Arbeitsgrundlage/Methoden:
◇ Individualpsychologische Basis
◇ Systematische Herangehensweise

Stellenbesetzung:
Dieter Leicht, Dipl.-Religionspädagoge (FH), Therapeutischer Seelsorger (ITS), Psychotherapeut (HPG)

Therapeutische   Telefon: 03944 – 24 57
Wohngemeinschaft   Fax: 03944 – 24 57

»Haus Waldhof«

38889 Blankenburg

Träger:
Diakonie-Krankenhaus »Neuvandsburg« GmbH, ein Unternehmen des
Deutschen Gemeinschaftsdiakonieverbandes Marburg

Leitung:
Diakonisse Christa Wendland

Angebot:
Zielgruppe: Mehrfachgeschädigte Suchtkranke mit sozialer Behinderung
nach Abschluss einer Entwöhnungsbehandlung; Plätze: 15; Kostenträger:
überörtliche Sozialhilfe
◇ Lebenspraktisches und soziales Training in therapeutischer Gemeinschaft
◇ Abstinenzfähigkeit
◇ soziale Verselbstständigung, nach Möglichkeit berufliche Wiedereingliederung
Die Arbeit besteht seit 1991.

Arbeitsgrundlage/Methoden:
◇ Sozialtherapeutisches Training:
   ▷ Arbeitstherapie
   ▷ außerhäusliche Arbeitspraktika
   ▷ Freizeitgestaltung
   ▷ Training in Kommunikation und lebenspraktischen Aufgaben
◇ Orientierungsangebot auf biblisch-seelsorgerlicher Grundlage

Stellenbesetzung:
Suchttherapeuten, Sozialarbeiter, Hauswirtschaft, Praktikanten, Zivildienstleistende

Info:
Mitgliedschaft: Fachverband Sucht, EFAS
Diakonisches Werk der Kirchenprovinz Sachsen-Anhalt
Prospekt über den Therapieverbund der Diakonie-Krankenhaus »Neu-
vandsburg« GmbH

Therapeutische Seelsorge- und   **Telefon: 07221 – 18 07 65**
Beratungspraxis

Karl-Peters-Str. 6

76530 Baden-Baden

Leitung:
Clara Meyer

Angebot:
◇ Therapeutische Seelsorge/Ganzheitliche Beratung in Lebens- und
  Glaubensfragen
◇ Paar- und Einzelberatung, Familienberatung
◇ Supervision
◇ Gruppenarbeit
◇ Vorträge/Seminare
Für Menschen mit:
  ▷ Lebens – und Glaubensproblemen
  ▷ Beziehungsproblemen
  ▷ Suchtproblemen
  ▷ Krisen in einzelnen Lebensbereichen
Das Angebot besteht seit 1992.

Arbeitsgrundlage/Methoden:
◇ Individualpsychologie
◇ Rational-Emotive-Therapie
◇ Gesprächstherapie
◇ Biblisch-Therapeutische Seelsorge nach ITS – Ruthe

Stellenbesetzung:
Frau Clara Meyer

Vinzenz-Pallotti-Haus

P. Dr. Jörg Müller SAC

Pallottinerstr. 2

85354 Freising

Telefon: 081 61 – 96 89 0
Fax: 081 61 – 96 89 20
e-mail: pallotti@pallotti.
cplus.de
homepage:
www.pallottiner.org/freising

Leitung:
P. Dr. Jörg Müller SAC, Psychotherapeut, Klinischer Psychologe, Priester

Angebot:
◇ Seminare im Vinzenz-Pallotti-Haus (zu religiösen und psychologischen Themen)
◇ Beratungspraxis (Psychotherapie und geistliche Betreuung); das Beratungsangebot gilt für Jugendliche und Erwachsene mit religiös bedingten, angstneurotischen, psychosomatischen und depressiven Symptomen (keine Suchttherapien und Behandlung von Psychosen).
Das Angebot besteht seit 1990.
◇ Heilende Gemeinschaft für Menschen in Krisen zwischen 20–60 Jahren (Bitte Prospekt anfordern!): Stationäre, dreiwöchige Therapie (bei Depressionen, Ängsten, Sinnkrisen, Schuldkomplexen, psychosomatischen Störungen)
Das Angebot besteht seit 1994.

Arbeitsgrundlage/Methoden:
Das gesamte Angebot baut auf der christlichen Basis auf. In der Beratungsarbeit werden Gesprächs-, Verhaltens-, Entspannungs-, Logo- und Mischtherapien angewandt. In der stationären Therapie werden Gruppen-, Einzeltherapie, Rollenspiele, Ergotherapie, Massagen, Meditation und Gebet, Autogenes Training, Gymnastik, Bibelarbeit angeboten. Ziel: Selbstbejahung, Versöhnung, Sinnfindung, ganzheitliche Heilung.

Stellenbesetzung:
Beratungspraxis: 2 Priester, 1 Therapeut, 1 Arzt
Stationäre Therapie: 1 Arzt, 3 Psychotherapeuten, 1 Seelsorger, 1 Masseur, 2 ehrenamtliche Mitarbeiter (Ergotherapeuten)

Info:
Neben den Prospekten zu Seminaren bzw. zur stationären Therapie gibt es ein Kassetten- und Bücherangebot von Dr. Jörg Müller (u.a. »Gott ist anders«, Betulius Verlag; »Und heilt alle deine Gebrechen«, Steinkopf Verlag).

Chantal Voss

Eichbergstr. 2 f

Telefon: 0761 – 64 01 10
e-mail: ChaVoss@gmx.de

79117 Freiburg im Breisgau

Leitung:
Chantal Voss, Dipl.-Sozialpädagogin (FH), Ehe- und Familienberaterin
(KBAG/EKfEuL)

Angebot:
◇ Psychologische Beratung und Seelsorgeschwerpunkte:
   ▷ Systemische Paarberatung/Therapie
   ▷ Einzelberatung
   ▷ Krisenberatung
   ▷ Seelsorge-Eheseminare
Das Angebot besteht seit 1994.

Arbeitsgrundlage/Methoden:
◇ Analytisch-systemische Paarberatung/Therapie
◇ Seelsorge auf biblischer Grundlage

Stellenbesetzung:
Chantal Voss, Dipl.-Sozialpädagogin (FH), Ehe- und Familienberaterin
(KBAG/EKfEuL)

Info:
Prospekt auf Anfrage. Keine Kassenzulassung.

Weißes Kreuz e.V.

Weißes-Kreuz-Str. 1-4

34292 Ahnatal/Kassel

Telefon: 056 09 – 83 99-0
Fax: 056 09 – 83 99-22
e-mail: weisses-kreuz@
t-online.de

Leitung:
Karlheinz Espey, Pastor und Familientherapeut (Gesamtleitung); Dorothee Erlbruch, Dipl.-Pädagogin, Dipl.-Sozialarbeiterin; Elfi Brinkmann, Dipl.-Sozialpädagogin, Dipl.-Sozialarbeiterin

Angebot:
◇ Das Weiße Kreuz ist ein Fachverband im Diakonischen Werk der EKD und ist befasst mit dem Themenspektrum »Ehe, Familie, Sexualität«. Die Arbeit umfasst:
▷ eine Beratungsstelle in der Bundeszentrale, ab Sommer 2000 Beratungsstellen in drei weiteren Bundesländern
▷ Herausgabe von Literatur
▷ Redaktion einer Fachzeitschrift, die über die Zentrale abonnierbar ist
▷ Fortbildungen für ehrenamtliche Mitarbeiterinnen und Mitarbeiter
▷ Eheseminare
▷ Verliebten- und Verlobtenseminare
▷ Fachtagungen
▷ Bundesweite Vortrags- und Seminartätigkeit in Gemeinden, Frühstückstreffen, Schulen etc.

Über die Beratungsstelle:
Die Beratungsstelle ist staatlich anerkannt für Sexualberatung, Schwangerschaftskonfliktberatung, Familienplanungsberatung, Beratung bei unerfülltem Kinderwunsch, Adoptionsvermittlung.

Schwerpunkte:
Beratung bei sexuellen Problemen bei Frauen, sexuellem Missbrauch, bei Fragen zur sexuellen Identität, in Schwangerschaftskonflikten, Erziehungsberatung, Beratung in Fragen der Pränataldiagnostik, der Nutzung von fortpflanzungsmedizinischen Angeboten, der Empfängnisregelung, bei Trennung und Scheidung, bei unerfülltem Kinderwunsch, bei Überlegungen zur Adoption und Adoptionsfreigabe, allgemeine Ehe-, Familien- und Lebensberatung.

Arbeitsgrundlage/Methoden:

Die Arbeit geschieht auf der Basis neutestamentlicher Ethik und fundier-
ten Kenntnissen in Psychologie, Pädagogik, Medizin, Soziologie und
Theologie. Darüber hinaus sind die Mitarbeiterinnen und Mitarbeiter in
Beratung und Seelsorge familientherapeutisch aus- bzw. weitergebildet.

Stellenbesetzung:

Eingebunden sind Mitarbeiter aus verschiedenen Disziplinen, z.B. Theologen, Juristen, Psychologen, Pädagogen, Mediziner.

Info:

Telefonische Anfragen: Montag bis Donnerstag 9–12 Uhr

Wendepunkt e.V.
Zentrum Christlicher Lebenshilfe
und Rehabilitation psychisch
Kranker

Telefon: 020 52 - 95 07 0
Fax: 020 52 - 95 07 22
e-mail: wendepunkt@
topmail.de

Am Bertram 2

42555 Velbert-Langenberg

Leitung:
Gerhard Kleinlützum, Theologe und Heilpädagoge mit Zusatzausbildung

Angebot:
◇ Rehazentrum/Übergangseinrichtung als Lebens-, Arbeits- und Therapiegemeinschaft (28 Plätze) für Menschen:
▷ mit psychischen Störungen, Erkrankungen oder Behinderungen
▷ mit psychosozialen Schwierigkeiten
▷ im Alter von 18–50 Jahren
▷ 2 Stufen der Therapie: a) Intensivtherapie, b) Adaptionsphase, (in 3 Häusern)
◇ Betreutes Wohnen (11 Plätze in 3 Wohngruppen)
Das Angebot besteht seit 1979.

Arbeitsgrundlage/Methoden:
1979 gegründet, hat der Wendepunkt von Anfang an versucht, auf der Grundlage des biblischen Menschenbildes und der biblischen Maßstäbe ein Therapiekonzept zu entwickeln. So werden Erkenntnisse und Methoden der Humanwissenschaften ernst genommen und berücksichtigt. Das ganzheitliche Angebot beinhaltet Einzel- und Gruppengespräche, Andachten, Arbeitstherapie und weitere Formen therapeutischer Maßnahmen.

Stellenbesetzung:
18 Mitarbeiter, Sozialarbeiter/-pädagogen, Arbeitstherapeuten, Ökothrophologin, Hauswirtschaftsleiterin, Verwaltungsangestellter, Theologe, Krankenpfleger, 2 Stellen für Praktikanten/innen, 2 Stellen Freiwilliges Soziales Jahr, 2 Zivildienst-Stellen

Info:
Der Wendepunkt ist Mitglied in der Arbeitsgemeinschaft Christlicher Lebenshilfen (ACL) und im Diakonischen Werk der Ev. Kirche im Rheinland. Viermal im Jahr erscheint der Freundes- und Infobrief.

Wörnersberger Anker
Christliches Lebenszentrum
für junge Menschen e.V.

72299 Wörnersberg
(Kreis Freudenstadt)

Telefon: 074 53 – 94 95-0
Fax: 074 53 – 94 95-15
e-mail: info@ankernetz.de
homepage:
www.ankernetz.de

Leitung:
Günther Schaible (Landesjugendreferent)

Angebot:
◇ Lebensgemeinschaft auf Zeit, als christliche Lebensschule für Ledige
◇ Jüngerschafts- und Kurzzeitmitarbeiterschulen
◇ Seminare und Angebote zu Ehe- und Familienarbeit
◇ Ehe-, Seelsorger-Schulung für Ehepaare
◇ Seminare, Tagungen und Leiterschaftskurse für junge Christen und Mitarbeiter/innen in der Jugend- und Gemeindearbeit
Das Angebot besteht seit 1980.

Arbeitsgrundlage/Methoden:
Durch das gemeinsame Leben und Arbeiten will der Wörnersberger Anker mithelfen, dass die Einzelnen ihren Glauben vertiefen, ihre Persönlichkeit bilden und ihren Horizont erweitern. So sollen Christen zu einem dynamischen Engagement in Gemeinde, Familie und Gesellschaft gelangen.

Stellenbesetzung: 20 Mitarbeiter

Wüstenstrom e.V.

Hauptstr. 72

71732 Tamm

Telefon: 07141 – 69 78 73
(Di-Do 10-12 und
14-17 Uhr)
Fax: 07141 – 69 78 75
e-mail: wuestenstrom@
t-online.de

Leitung:
Markus Hoffmann (Diakon und Sozialarbeiter)

Angebot:
Dieses richtet sich an Frauen und Männer, die den Bereich ihrer Beziehungen oder ihrer Sexualität konflikthaft erleben. Wir begleiten Menschen aus dem Bereich der Homosexualität, der Transsexualität, der Phädophilie und Sexsucht, Menschen mit Problemen im Bereich der Heterosexualität sowie Menschen mit Beziehungsabhängigkeiten und emotionalem, geistlichem oder sexuellem Missbrauch. Unsere Hilfe geschieht durch:
◇ regelmäßige Einzelberatungen
◇ Therapie und Beratungstage bzw. Seelsorgewochenenden mit Einzelgesprächen für Ratsuchende; Seminararbeiten, die thematisch oben genannte Bereiche betreffen
◇ Angeleitete und in Gemeinden integrierte Living-Waters-Selbsthilfegruppen (ein Jüngerschaftsprogramm in derzeit 19 Gemeinden in Deutschland zur persönlichen und geschlechtlichen Identitätsfindung mit den Elementen Anbetung, Lehre, Gebet um innere Heilung, Kleingruppen)
◇ Aufbau, Koordination und Beratung von Living-Waters-Gruppen innerhalb Deutschlands
◇ Politisches Handeln innerhalb der Kirchen
◇ Seelsorgeschulung im Bereich Sexualität und Beziehung, Weiterbildungsangebote für Seelsorger

Arbeitsgrundlage/Methoden:
◇ Seelsorgerlich-therapeutische Beratung und Begleitung auf der Grundlage des Evangeliums, Gebet um innere Heilung, Stärkung der Handlungskompetenz mittels verhaltenstherapeutischer Interventionen und analytische Hindergrundbearbeitung ausgehend vom biblischen Menschenbild. Der seelsorgerlich-therapeutische Ansatz wurde speziell für die oben genannten Problembereiche entwickelt.

Stellenbesetzung:
3 hauptamtliche Mitarbeiter in der Beratungsarbeit, 1 Verwaltungsfachkraft, 2 Honorarkräfte

Info:

◇ Derzeit ist Wüstenstrom besonders mit der Adoramus-Gemeinschaft e.V., Christen in der Offensive Reichelsheim, IGNIS (Deutsche Gesellschaft für Psychologie) und Desert Stream Ministries (Los Angeles/USA) verbunden.

◇ Unser Rundbrief, unser Seminarprogramm und Informationen zum Aufbau einer Living-Waters-Gruppe können gerne angefordert werden.

Sonderteil »Kliniken«

Beratungs- und Therapiezentrum Schwarzwaldpark Sanatorium für Seelsorge und Psychotherapie

Lauterbadstr. 35-39

72250 Freudenstadt

Telefon: 07441 - 929-231
Fax :07453 - 929-399
e-mail: herberge@bts.de
homepage:
www.bts.de

Leitung:
Dr. med. Matthias Samlow, Arzt für Psychiatrie

Angebot:
◇ Das Sanatorium für Seelsorge und Psychotherapie im Beratungs- und Therapiezentrum Schwarzwaldpark steht mit seinen derzeit 22 Behandlungsplätzen seit 1997 für Menschen mit seelischen und seelisch-körperlichen Leiden und Problemen offen, die eine stationäre Psychotherapie vor dem Hintergrund eines christlichen Menschenbildes wünschen bzw. den Glauben in ihre ärztlich-psychologische Therapie einbeziehen wollen. Behandelt werden Menschen ab 18 Jahren (in Ausnahmefällen ab 16 J.) mit Depressionen, Erschöpfungszuständen, Ängsten, Zwangsstörungen, Persönlichkeitsstörungen, Essstörungen, Suchtstörungen, Ehe- und Familienkonflikten, Zuständen nach psychotischen Episoden und geistlichen Krisen. Leider nicht aufnehmen können wir Menschen mit akuten Psychosen, akuter Suizidalität, Abhängigkeitserkrankungen mit aktuellem Substanzgebrauch, Epilepsien, ausgeprägter Minderbegabung und hirnorganischen Störungen, sowie pflegebedürftige Menschen. Patienten mit psychosomatischen Erkrankungen, die primär einer organmedizinischen Behandlung bedürfen, müssen sich zunächst einer solchen anderernorts unterziehen.

Arbeitsgrundlage/Methoden:
Das Beratungs- und Therapiezentrum Schwarzwaldpark ist ein Arbeitszweig der Deutschen Gesellschaft für Biblisch-Therapeutische Seelsorge (DGBTS). Die Seelsorge beruht auf den Grundannahmen, dass Gott existiert, dass ER geschaffen hat und sich mitteilt und dass Jesus Christus als Sohn Gottes die Voraussetzungen für den Menschen geschaffen hat, in Gemeinschaft mit Gott zu leben. Die zum Einsatz kommende Psychotherapie entspricht den wissenschaftlichen Erkenntnissen der modernen

psychologischen Medizin und Psychologie. Wir überprüfen die verschiedenen Therapiemethoden – auch in ihren neueren Entwicklungen – auf ihre Wirksamkeit und ihre Übereinstimmung mit den Werten des christlichen Glaubens. Jede dieser Methoden hat ihre spezifischen Stärken. Konsequenterweise wenden wir sie störungsspezifisch, d.h. variabel, auf die individuelle Problemsituation an. Dies sind insbesondere Methoden aus der Gesprächspsychotherapie, Verhaltenstherapie, Existenzanalyse und Logotherapie, Tiefenpsychologie und Familientherapie.

Stellenbesetzung:

Gesamtleitung des Zentrums: Prof. Dr. Michael Dieterich (Lehrstuhl für Psychotherapie); Medizinische Leitung des Sanatoriums: Dr. med. Matthias Samlow (Arzt für Psychiatrie); Stellvertretende Leiterin: Dr. med. Johanna Ellwitz (Ärztin für Psychiatrie); außerdem Diplom-Psychologen, Theologen und Sozialpädagogen mit therapeutischer Zusatzausbildung; Kunst-, Musik- und Bewegungstherapeuten; Biblisch-Therapeutischer Seelsorger

DE'IGNIS Fachklinik gGmbH
für christliche Psychiatrie
und Psychosomatik

Telefon: 07453 – 93 91-0
Fax: 07453 – 93 91-93
e-mail:deignis@t-online.de

Walddorferstr. 23

72227 Egenhausen

Leitung:
Geschäftsführer: Claus J. Hartmann; Verwaltungsleiter: Marko Jüttner, Dipl.-Betriebswirt (BA); Ärztlicher Leiter: Dr. med. Rolf Senst, Arzt für Psychiatrie, Psychotherapie und Rehabilitationswesen. Die DE'IGNIS Fachklinik ist eine gemeinnützige GmbH, Mitglied im Paritätischen Wohlfahrtsverband und im Verband der Krankenanstalten in privater Trägerschaft in Baden-Württemberg e.V.

Angebot:
◇ Psychotherapie nach einem christozentrischen Konzept
▷ Stationäre medizinische Vorsorge
▷ Rehabilitationsmaßnahmen
▷ Anschlussrehabilitation für Psychiatrie und Psychotherapie, insbesondere zur psychischen Verarbeitung körperlicher Erkrankungen
▷ Sanatoriumsbehandlungen
▷ tages-/nachtklinische Behandlungen
▷ Ambulante Behandlungen
▷ Gesundheitswochen zur Neuorientierung und Erholung
Bettenzahl: 73

Indikationen:
▷ Psychische Erkrankungen
▷ Psychosomatische und psychovegetative Erkrankungen, als Nebendiagnosen können Suchterkrankungen und neurologische Erkrankungen mitbehandelt werden.

Diagnostik:
EKG, EEG (externes Labor), psychologische Testdiagnostik, konsiliarärztliche Zusammenarbeit mit Ärzten aller Fachrichtungen vor Ort

Therapie:
Psychotherapie unter Berücksichtigung religiöser Werte in Einzel- und Gruppentherapie, Familientherapie, Musiktherapie, Psychodrama/Bibliodrama, Körperwahrnehmung, Entspannungstherapie, Ergotherapie,

Arbeits- und Belastungstraining, Soziotherapie, physikalische Therapie (Massage, Reizstrom, Mikrowelle, Fango, Sport- und Bewegungstherapie), Gesundheitstraining, medikamentöse Therapie, spirituelle Orientierungsangebote.

Arbeitsgrundlage/Methoden:
Die therapeutische Arbeit berücksichtigt das in der psychosomatischen und rehabilitativen Medizin bewährte bio-psycho-soziale Modell für die Entstehung von Krankheit (Pathogenese) und die Bedingungen für Gesundheit. Der Schwerpunkt der Arbeit liegt auf der Entwicklung und Unterstützung gesundheitsfördernden Verhaltens (Salutogenese). Ein wesentliches Element hierfür ist die bewusste Integration christlicher Spiritualität in ihrer sinn- und kraftvermittelnden Qualität in das Behandlungskonzept.

Stellenbesetzung:
Das medizinisch-therapeutische Team besteht aus verschiedenen (Fach-) Ärzten (Psychiatrie, Psychotherapie, Neurologie, Innere Medizin, Allgemeinmedizin, Naturheilverfahren, Rehabilitationswesen), mehreren Diplom-Psychologen, einem Sozialpädagogen, einem Musiktherapeuten, einem Masseur und Bewegungstherapeuten, einer Ergotherapeutin, einem Sporttrainer und Krankenpflegekräften.

Sondereinrichtungen:
Hallenbad, Sauna, Solarium, Tischtennis, Tischfußball, Fahrradverleih, Tennis und TV mit Video

Kostenträger: sämtliche Kassen

Info: Bitte fordern Sie unser Informationsmaterial an!

Diakonie-Krankenhaus
»Neuvandsburg« GmbH

Unter den Birken 1

38875 Elbingerode

Telefon: 039454 – 82 00 0
Fax: 039454 – 82 70 2
e-mail: Diako-elbi@
t-online.de
homepage:
www.sucht.de

Träger:
Deutscher Gemeinschaftsdiakonieverband Marburg

Leitung:
Chefarzt: Dr. Klaus-Herbert Richter, Facharzt für Neurologie und Psychiatrie; Leitender Therapeut: Joachim Stopp

Angebot:
◇ Entwöhnungsbehandlung für Alkohol-, Medikamenten- und Drogenabhängigkeit bei Männern und Frauen; zusätzliche Mehrfachabhängigkeit

Indikation:
▷ Mutter und Kind
▷ körperliche Schwerbehinderung
▷ längere Hafterfahrung
▷ Möglichkeit geschlechtsspezifischer Gruppen
▷ Nikotinentwöhnung
Die Arbeit besteht seit 1976.

Arbeitsgrundlage/Methoden:
◇ Beziehungsarbeit in drei Phasen (Suchtbearbeitung, Persönlichkeitsarbeit und Außenorientierung)
◇ Psychoanalytisch interaktionelle Methodik mit Integration auch anderer therapeutischer Methoden (z.B. verhaltenstherapeutischer)
◇ Medizinische Behandlung
◇ Angehörigenarbeit
◇ Orientierungsangebot auf biblisch-seelsorgerlicher Grundlage

Stellenbesetzung:
Ärzte (FA Neurologie, Psychiatrie, Psychotherapie), Psychologen, Sozialtherapeuten, Sozialarbeiter, Schuldnerberater, Ergotherapeuten, Sport-

therapeuten, Physiotherapeuten, Krankenschwestern, Praktikanten, Zivildienstleistende

Info:
Mitgliedschaft: Fachverband Sucht, EFAS; Diakonisches Werk der Kirchenprovinz Sachsen-Anhalt. Prospekt über den Therapieverbund des DKH »Neuvandsburg« GmbH

Diakonie-Krankenhaus
»Neuvandsburg« GmbH

Unter den Birken 1

38875 Elbingerode

Telefon: 039454 – 82 50 0
Fax: 039454 – 82 35 3
e-mail: Diako-elbi@
t-online.de
homepage: www.sucht.de

Träger:
Ein Unternehmen des Deutschen Gemeinschaftsdiakonieverbandes Marburg

Leitung:
CA: Dr. Klaus-Herbert Richter, FA für Neurologie und Psychiatrie

Angebot:
◇ Psychiatrie Sucht
  ▷ Entgiftung (Alkohol, Medikamente, Drogen)
  ▷ Krisenbehandlung
  ▷ Motivationstherapie
  ▷ Behandlung zusätzlicher psychischer Störungen
  ▷ angeschlossene Fachambulanz für Suchtkranke
  ▷ Kostenträger: Krankenkassen, Sozialämter
Beginn der Arbeit 1976.

Arbeitsgrundlage/Methoden:
◇ Suchtmedizinische Akuttherapie
◇ Verhaltenstherapeutische Einzel- und Gruppengespräche einschl. Motivation und Rückfallbearbeitung in differenzierten Gruppen
◇ Orientierungsangebot auf biblisch-seelsorgerlicher Grundlage

Stellenbesetzung:
Ärzte (Psychiatrie/Neurologie), Sozialtherapeuten, Sozialarbeiter, Ergotherapeuten, Sporttherapeuten, Krankenschwestern, Praktikanten, Zivildienstleistende

Info:
Mitgliedschaft: Fachverband Sucht, EFAS; Diakonisches Werk der Kirchenprovinz Sachsen-Anhalt. Prospekt über den Therapieverbund der Diakonie-Krankenhaus »Neuvandsburg« GmbH

Klinik Hohe Mark

Friedländerstr. 2

61440 Oberursel

Telefon: 061 71 – 20 4-0
Fax : 061 71 – 20 4-8000
e-mail: klinik@hohemark.de
homepage:
www.hohemark.de

Leitung:
Klinikbetriebsleitung: Karl-Wilhelm Hees, Krankenhausdirektor; Christa Assmann, Pflegedirektorin; Prof. Dr. med. Arnd Barocka, Ärztlicher Direktor
Abteilungen: Chefarzt der Abteilung Psychiatrie und Psychotraumatologie (Psychiatrie 1): Prof. Dr. med. Arnd Barocka; Chefarzt der Abteilung für Sozialpsychiatrie und Suchtmedizin (Psychiatrie 2), sowie der Tagesklinik und der Institutsambulanz: Dr. med. Dietmar Seehuber; Chefarzt der Abteilung Psychotherapie: Dr. med. Martin Grabe

Angebot:
◇ Menschen ab 18 Jahren mit psychischen und psychosomatischen Erkrankungen bieten wir stationäre und ambulante Behandlungsmöglichkeiten, die das gesamte Spektrum diesbezüglicher medizinischer Diagnosen umfassen. Zusätzlich bieten wir im Rahmen freiwilliger Angebote seelsorgerliche Unterstützung auf christlicher Basis an. Aufnahmen erfolgen je nach Kapazitäten auch überregional. Die Klinik verfügt über 216 Betten und 15 tagesklinische Plätze.

Arbeitsgrundlage / Methoden:
Besonderes Kennzeichen unserer Psychiatrie ist ihre psychotherapeutische und sozialpsychiatrische Orientierung. So werden sowohl Lebensprobleme bearbeitet als auch Wege für einen sozialen Wiedereinstieg gesucht. Hierbei arbeiten wir u.a. mit der ACL (Arbeitsgemeinschaft Christlicher Lebenshilfen) zusammen. Die Psychotherapie ist tiefenpsychologisch fundiert. Wo es die Wirksamkeit erhöht, integrieren wir verhaltenstherapeutische Ansätze. Wir kombinieren Einzeltherapie mit verschiedenen Gruppentherapieformen, um zu ermöglichen, dass Selbstwahrnehmung und Anstöße aus vielen Richtungen zusammenwirken. Ärzte und Psychologen leiten tiefenpsychologisch fundierte Einzel- und Gruppentherapien, Maltherapiegruppen und Gruppentraining sozialer Kompetenzen. Eine wertvolle Ergänzung sind die verschiedenen Spezialtherapien.

Stellenbesetzung:
Die Klinik beschäftigt insgesamt etwa 280 Mitarbeitende, davon etwa 40 im ärztlichen / psychologischen Dienst und etwa 100 im Pflegedienst. Zum therapeutischen Team gehören auch die Mitarbeitenden der Physio-, der

Musik-, der Arbeits-, der Gestaltungstherapie und des Sozialdienstes. Darüberhinaus steht auf Wunsch ein erfahrenes Seelsorgeteam zur Verfügung.

Info:
Im Rahmen einer gemeindepsychiatrischen Gemeindeverpflichtung wird ein Teil der Betten/Plätze für Patienten aus der Stadt Frankfurt/M. vorbehalten. Die Klinik Hohe Mark gehört zum Deutschen Gemeinschafts-Diakonieverband GmbH, Marburg.

Suchtkrankenhilfe gGmbH   **Telefon: 07503 – 92 0-0**
Fachkrankenhäuser Ringgenhof/   **Fax: 07503 – 92 0-161**
Höchsten

Riedhauser Str. 57-93

88271 Wilhelmsdorf

Kontaktperson: Thomas Kölli
(FK Ringgenhof, Tel.: 07503 – 920-143)

Leitung:
Fachlicher Geschäftsführer: Dr. Harald Schuler; Kaufmännischer Geschäftsführer: Christoph Arnegger

Angebot:
Behandlung von erwachsenen Männern und Frauen (20–65 Jahre) mit:
◇ Alkohol-, Medikamenten-, Drogen- und Nikotinabhängigkeit, auch mit psychosomatischen Störungen
◇ zusätzlich Verhaltensabhängigkeiten wie Spiel-, Sex-, Arbeitssucht o.ä.
◇ Psychischen Problemen, sozialen und beruflichen Problemfeldern, Persönlichkeitsstörungen (keine akuten Psychosen)
◇ Essstörungen wie Annorexie, Bulimie, Adipositas
◇ Sexuellen Problemen (z.B. sexuelle Ausbeutung)
◇ Geistliche Angebote:
   ▷ Gottesdienst, 14-tägig
   ▷ Gesprächskreis zu Sinn- und Glaubensfragen, wöchentlich
   ▷ Lebensorientierung
Im Fachkrankenhaus Ringgenhof werden Männer aufgenommen, im Fachkrankenhaus Höchsten Frauen. – Die Einrichtung besteht seit 1906.

Arbeitsgrundlage/Methoden:
Die Fachkliniken sind tiefenpsychologisch orientiert. Es werden aber auch andere Therapieansätze, wie Gesprächstherapie, systemische Therapie, Psychodrama, angewandt, z.B.
   ▷ Einzel- und Gruppentherapie
   ▷ Paar- und Familientherapie
   ▷ Arbeits- und Ergotherapie
   ▷ Berufliche Rehabilitation
   ▷ Medizinsche Angebote
   ▷ Sport- und Bewegungstherapie
   ▷ Gestaltungstherapie

Stellenbesetzung:
105 MitarbeiterInnen: Berufe: Ärzte (Internisten, Nervenärzte), Dipl.-
PsychologInnen, Diplom-PädagogInnen, Diplom-Sozialarbeiter/-Päd-
agogInnen, GestaltungstherapeutInnen, SporttherapeutInnen, Krankenschwestern bzw. -pfleger, KrankengymnastInnen

Teen Challenge Fehmarn e.V.
Fachklinik für Suchttherapie
Schulstr. 8
23769 Westfehmarn

Telefon: 04372 – 62 0
Fax: 04372 – 67 7
e-mail:TeenChallenge@
t-online.de

Leitung:
Gesamtleitung: Frank Becker, Geschäftsführer, Ergotherapeut; Therapieleiter: Gerhard Schellenburg, Diplom-Psychologe, Psychologischer Psychotherapeut

Angebot:
◇ Stationäre Entwöhnungsbehandlung (Langzeittherapie) für drogen- und alkoholabhängige Menschen
Wir behandeln Männer im Alter von 17–40 Jahren. Die Therapiedauer beträgt für Drogenabhängige 10 Monate, für Alkoholkranke 16 Wochen. Wir verfügen über eine Kostenträgeranerkennung seitens der LVA, der Sozialhilfeträger und der Krankenkassen.
Das Angebot auf Fehmarn besteht seit 1990.

Arbeitsgrundlage/Methoden:
◇ Grundlage unseres therapeutischen Konzeptes ist ein christliches Menschenbild, in dem der Mensch als eine Einheit von Leib, Seele und Geist verstanden wird.
Therapiemethoden:
▷ Verhaltenstherapie
▷ Systemische Therapie (Familientherapie)
▷ Psychodrama
▷ Gestalttherapie

Stellenbesetzung:
Ärztlicher Leiter: Dr. med. Jürgen Rodenhausen, Facharzt für Psychiatrie und Neurologie, Psychotherapeut;
Therapeutischer Leiter: Gerhard Schellenburg, Diplom-Psychologe, approbierter Psychotherapeut, systemischer Familientherapeut (Ausbildung bei der Rheinischen Gesellschaft für systemische Therapie);
Geschäftsführer: Frank Becker, Ergotherapeut, Zusatzqualifiaktion: Sozialmanagment (Diakonisches Werk Schleswig-Holstein, Rendsburg);
Daniel Schmid, Diplom-Sozialpädagoge, Zusatzqualifiaktion: Suchttherapeut (Psychodrama, FDR Hannover);
Guido Gaulke, Diplom-Sozialpädagoge

Info: Mitglied der Arbeitsgemeinschaft Christlicher Lebenshilfen (ACL). Ausführliche Information kann angefordert werden.

Adressen der Rehabilitationszentren der Arbeitsgemeinschaft Christlicher Lebenshilfen (ACL)

Nach PLZ geordnet	*Straße*	*Name des Hauses*
07619 Schkölen	Kämmeritz 20	Holzmühle Kämmeritz
13407 Berlin	Rütlistr. 18	Teen Challenge Haus
17217 Zahren	Am See 4	Schloß Zahren
17322 Pampow	Dorfstr. 37a	Haus Salomo
18292 Linstow	Dorfstr. 16	Diakonisches Zentrum Nachsorge
21271 Asendorf	Salemsweg 100	Landheim Salem
22587 Hamburg	Godeffroystr. 9	Lebenswende Haus Dynamis
23769 Westfehmarn	Schulstr. 8	Teen Challenge Fehmarn
23992 Passee	Dorfstr. 19	Haus Josua
24217 Barsbek/Holstein	Mühlenkamp 1	Alte Meierei
24644 Krogaspe	Hof Rabenhorst	Bethel Deutschland
26907 Walchum	Westweg 61	Teen Challenge Hof Hasselbrock
29664 Walsrode	Krelingen 4	Reha-Zentrum Krelingen
30161 Hannover	Steintorfeldstr. 11	Neues Land Hannover
31840 Hess. Oldendorf	Kirchspielweg 12	GeReha Gemeinschaft & Reha
34134 Kassel	Töpfenhofweg 30	EC-Seelsorgezentrum
34590 Wabern	Schloß Falkenberg	Hoffnung für Dich
35043 Marburg	Harthweg 2	Glaubenshof Cyriaxweimar
35230 Dautphetal	Postfach 2163	help center
35767 Gusternhain	In den Bitzen 2	Country Living
38154 Glentorf	Zum Schuntertal 11	Projekt Kaffeetwete 3
38372 Büddenstedt	Schwalbenweg 8	Kommunität Steh auf
40227 Düsseldorf	Kölner Str. 240	Christliche Hausgemeinschaft
41238 Mönchengladbach	Geneickener Str. 24	Katalyma
42555 Velbert	Am Bertram 2	Wendepunkt
47589 Uedem	Am roten Berg 3	Berghof Bethanien
47647 Kerken	Hoog-Poelycker-Str. 2	Eickmannshof
53639 Königswinter-Oberpleis	Niederbach 18	Haus Maranatha
54597 Auw b. Prüm	Am Sportplatz 3	Haus der Hoffnung
58507 Lüdenscheid	Bahnhofstr. 22	Wiedenhof
60322 Frankfurt/Main	Wolfgangstr. 14	Lebenswende Haus Metanoia
63688 Gedern	Weningserstr. 51	Birkenhof
65595 Hünfelden	Camberger Str. 25	Teen Challenge Großfamilie
71229 Leonberg-Warmbronn	Christian-Wagner-Str. 14	Weg zur Freiheit
72514 Engelswies	Fred-Hahn-Str. 30–32	DE'IGNIS-Wohnheim
74632 Neuenstein	Bernhardsmühle	Teen Challenge
74670 Forchtenberg	Schlößle	Teen Challenge
84137 Vilsbiburg	Schnedenhaarbach 73	Teen Challenge Gutes Land
85452 Mossinning	Erdinger Str. 13	Lebenshaus
86150 Augsburg	Am Eser 21	Diakonie Eserwall
88175 Scheidegg	Allmannsried 179 1/2	Haus Weizenkorn
91462 Dachsbach	Bergstr. 1	Blaukreuz-Haus
97453 Mainberg	Kaltenhof 1	Levi
99718 Rohnstedt	Hauptstr. 1	help center Magdalenenhof

Telefon	Fax	Problematik	Stufe
036694/20071	036694/20071	A D	2/3
030/4565565	030/4568412	D A M St	1/3
039921/3235	039921/3235	St A	2
039744/50566	039744/50569	A M D	1/3
038457/22430	038457/22438	A (§ 39 BSHG)	2/3
04183/7933-0	04183/7933-25	S P	2/3
040/869844	040/868840	D A M S Sp St § 35	2/3
04372/620	04372/677	D A M Sp § 35	2
038429/4971	038429/4971	A	2
04344/6108	04344/9013	S A D St	3
04321/53692	04321/962780	D A M Sp	2
05939/1405	05939/317	A D St S P 1)	2/3
05167/970-137	05167/970-160	D S § 35 P 4)	2/3
0511/336117-30	0511/336117-52	M D § 35	1/2/3
05152/51354	– –	alles	2/3
0561/4808-201	0561/4808-204	P E Sp D	2
05683/9980-0	05683/9980-11	D M & 2)	2/3
06421/31331	06421/31363	P S	3
06466/7021	06466/1618	alles und 1)	2/3
02777/6127	02777/1420	alles	nur 3!
05365/2302	05365/2316	M D § 35 3)	2/3
05352/906060	05352/906061	S	2/3
0211/7884400	0211/7884402	M D Pros	1
02166/254444	02166/254326	A D E S St	2/3
02052/9507-0	02052/9507-22	P S E	2/3
02825/1464	02825/1464	P E Sp	2/3
02831/993826	02831/993826	M D	1
02244/4502	02244/7191	A D M S P E Sp	2
06552/5208	06552/5686	A D M S 2)	2
02351/21625	02351/38606	D § 35	2
069/556213	069/5961234	D A S M Sp St § 35	2/3
06045/2729	06045/5911	P	2/3
06438/9147-0	06438/9147-10	P M E S	2/3
07152/33129-0	07152/33129-28	D M	2/3
07575/4791	07575/4795	P E S	1/2/3
07942/4514	07947/7013	D M A E § 35	3
07947/7744	07947/7013	D M A E § 35	2
08741/1711	08741/1399	D A M Sp	2
08123/990725	– –	P S	2/3
0821/34391-11	0821/34391-15	P S	2/3
08381/6684	08381/82844	P S	3
09163/8135	09163/1741	P E	2/3
09721/75168	09721/75169	A D S	2
036370/40274	036370/40274	P S Langzeit	2/3
		A 5)	2

Nach PLZ geordnet	männl.	weibl.	Ehepaare	Altersgrenze
07619 Schkölen	10	6	–	18-35 J.
13407 Berlin	2	2	1 m. Kind	18-35 J.
17217 Zahren	12	13	–	keine
17322 Pampow	8	4	–	18-40 J.
18292 Linstow	17	–	–	keine
21271 Asendorf	–	10	–	18-30 J.
22587 Hamburg	5	3	–	18-35 J.
23769 Westfehmarn	15	–	–	17-40 J.
23992 Passee	9	–	–	ab 18 J.
24217 Barsbek/Holstein	6	–	–	18-35 J.
24644 Krogaspe	15	–	–	18-40 J.
26907 Walchum	3	–	1 m. Kind	10-16 J.
29664 Walsrode	70	–	–	18-35 J.
30161 Hannover	38	4	–	18-40 J.
31840 Hess. Oldendorf	4	4	mit Kind	keine
34134 Kassel	4	4	–	16-30 J.
34590 Wabern	12	–	–	18-32 J.
35043 Marburg	6	6	–	bis 40 J.
35230 Dautphetal	10	25	ja	bis 25 J.
35767 Gusternhain	5	5	–	18-30 J.
38154 Glentorf	12	13	ja	18-45 J.
38372 Büddenstedt	5	5	–	keine
40227 Düsseldorf	1	4	ja	18-45 J.
41238 Mönchengladbach	3	3	–	18-40 J.
42555 Velbert	20	20	–	18-50 J.
47589 Uedem	5	5	–	ab 18 J.
47647 Kerken	2	3	mit Kind	18-36 J.
53639 Königswinter-Oberpleis	5	5	–	18-30 J.
54597 Auw b. Prüm	–	6	mit Kind	20-40 J.
58507 Lüdenscheid	15	10	–	keine
60322 Frankfurt/Main	11	10	–	18-35 J.
63688 Gedern	5	5	–	18-35 J.
65595 Hünfelden	–	8	–	18-35 J.
71229 Leonberg-Warmbronn	12	2	–	keine
72514 Engelswies	13	13	ja	keine
74632 Neuenstein	–	6	–	18-40 J.
74670 Forchtenberg	–	8	–	18-40 J.
84137 Vilsbiburg	8	–	–	18-45 J.
85452 Mossinning	5	2	–	18-35 J.
86150 Augsburg	3	3	–	18-35 J.
88175 Scheidegg	6	6	ja	18-30 J.
91462 Dachsbach	22	–	–	keine
97453 Mainberg	8	4	1 m. Kind	ab 18 J.
99718 Rohnstedt	5	4	2	keine

Index zur Spalte Problematik:

A	=	Alkohol
D	=	Drogen
E	=	Essprobleme
M	=	Mehrfachabh.
P	=	Psych. Probleme
S	=	Soziale Probleme
Sp	=	Spielsucht
St	=	Strafentlassene
§ 35	=	§ 35/36 BTMG, Therapie statt Strafe
Stufe 1		Therapievorbereitung
Stufe 2		Intensivbetreuung
Stufe 3		Nachsorgebetreuung

1) Seelsorgl. Angeb. f. Frauen m. Kin. o. Altenbegr. u. Schwangere m. Abtreibungsproblematik
2) Mutter-Kind-Haus f. Mütter bis 40 J. mit psychosozialen Problemen (Kinder bis 10 Jahre)
3) Im Projekt Kaffeetwete können TeilnehmerInnen auch mit Kindern aufgenommen werden. Ehepaare können mit oder ohne Kind teilnehmen.
4) Berufliche Rehabilitation (Berufsvorb., Ausbildung, Umschulung) & ÜBA = Überbetr. Ausb.
5) Auch Betreuung Angehöriger

ACL-Gastmitglieder

Nach PLZ geordnet	Straße	Name des Hauses
A 1210 Wien	Anton-Bosch-Gasse 9	FCJG Wien
A 4552 Wartberg	Schachadorf 36	Aktion Leben mit Zukunft
CH 3006 Bern	Elfenauweg 9	ACL Sekretariat Schweiz
CH 9122 Mogelsberg	Christlich Therapeutische WG	Flüeli
D 17153 Gülzow/Stavenhagen	Dorfstr. 10	Zu Hause für Dich
D 18292 Linstow	Dorfstr. 16	Diakonisches Zentrum
D 25554 Wilster	Burger Str. 6	Haus Elim
D 34590 Wabern	Schloß Falkenberg	ACL Geschäftsstelle
D 36358 Herbstein	Am Hain 7	help center
D 38165 Lehre	Eitelbrotstr. 43	Projekt Kaffeetwete 3
D 40468 Düsseldorf	Kleinschmitthauserweg 54	Haus Bethanien
D 61440 Oberursel	Friedländer Str. 2	Klinik Hohe Mark
D 72227 Egenhausen	Waldorfer Str. 23	DE'IGNIS-Fachklinik
D 74072 Heilbronn	Steinstr. 8	Mitternachtsmission
D 88271 Wilhelmsdorf	Riedhauser Str. 57–93	Fachkrankenhaus Höchsten
D 88271 Wilhelmsdorf	Riedhauser Str. 65	Fachkrankenhaus Ringgenhof

Telefon	Fax	Problematik	Stufe
0043/1/2728786	0043/1/2728786-11	D H	1/2
0043/7588/7452	0043/7588/745211	alles	2
0041/31/3518281	0041/31/3518281	nur Vermittlung!	–
0041/71/543010	0041/73/3742375	alles	2/3
039954/21850	–	A D	2
038457/22430	038457/22430	A D	3
04823/9455-0	04823/9455-66	A	2
05683/9980-0	05683/9980-11	nur Vermittlung!	–
06643/7595	06643/7580	alles	3
05308/1710	05308/1701	M D § 35	2
0211/4245-68	0211/4245-60	P	3
06171/204-4800	06171/204-8000 Ver	P D mit Entzug ab 6/99	1
07453/9391-0	07453/9391-93	P	1
07131/81497	07131/993824	M D St Pros*)	1
07503/809-0	07503/809-174	A D § 35 E M	2/3
07503/920-0	07503/920-161	A D § 35 E M	2

Nach PLZ geordnet	männl.	weibl.	Ehepaare	Altersgrenze
A 1210 Wien	7	2	–	18–35 J.
A 4552 Wartberg	4	4	–	18–45 J.
CH 3006 Bern				
CH 9122 Mogelsberg	8	6	1	16–40 J.
D 17153 Gülzow/Stavenhagen	13	–	–	keine
D 18292 Linstow	15	–	–	keine
D 25554 Wilster	20	–	–	keine
D 34590 Wabern	–	–	–	–
D 36358 Herbstein	3	3	–	18–28 J.
D 38165 Lehre	6	–	–	18–45 J.
D 40468 Düsseldorf	–	30	–	keine
D 61440 Oberursel	ja	ja	–	keine
D 72227 Egenhausen	ja	ja	–	keine
D 74072 Heilbronn	–	5	7 Kinder	18–40 J.
D 88271 Wilhelmsdorf	–	80	–	keine
D 88271 Wilhelmsdorf	40	–	–	keine

Index zur Spalte Problematik:

ACL-Geschäftsstelle:
siehe PLZ 34590
Hoffnung für Dich e.V.

A	=	Alkohol
D	=	Drogen
E	=	Essprobleme
M	=	Mehrfachabh.
P	=	Psych. Probleme
S	=	Soziale Probleme
Sp	=	Spielsucht
St	=	Strafentlassene
§ 35	=	§ 35/36 BTMG, Therapie statt Strafe
Stufe 1		Therapievorbereitung
Stufe 2		Intensivbetreuung
Stufe 3		Nachsorgebetreuung

1) Seelsorgl. Angeb. f. Frauen m. Kin. o. Altersbegr. u. Schwangere m. Abtreibungsproblematik
2) Mutter-Kind-Haus f. Mütter bis 40 J. mit psychosozialen Problemen (Kinder bis 10 Jahre)
3) Im Projekt Kaffeetwete können TeilnehmerInnen auch mit Kindern aufgenommen werden. Ehepaare können mit oder ohne Kind teilnehmen.
4) Berufliche Rehabilitation (Berufsvorb., Ausbildung, Umschulung) & ÜBA = Überbetr. Ausb.
5) Auch Betreuung Angehöriger

Die ACL im Internet: http://www.acl-deutschland.de

Sonstige wichtige Adressen

Überregionale Verbände und Kontaktadressen aus Deutschland, Schweiz und Österreich

Christliche Mutter-Kind-Häuser
Eine bundesweite Liste kann über die folgende Adresse bezogen werden:

Christliche Elterninitiative e.V.
z.H. Frau Jutta Reiners
Hemmsr. 152-156
28215 Bremen

Tel.: 0421 – 37 10 12
Fax: 0421 – 37 98 94 5

Treffen Christlicher Lebensrechtgruppen (TCLG)
Das TCLG ist ein Forum für Mitarbeiterinnen und Mitarbeiter aus meist ehrenamtlich arbeitenden Gruppen, die sich insbesondere auf soziale Art und Weise für den Schutz des ungeborenen Kindes und die Hilfen für betroffene Frauen und Familien in Schwangerschaftskonflikten einsetzen. Die Arbeit geschieht auf der theologischen Basis und in der Verbindung mit der Deutschen Evangelischen Allianz. Das Netzwerk umfasst derzeit mehr als 700 Anschriften. Nähere Informationen können bezogen werden über die folgende Adresse:

Treffen Christlicher Lebensrecht-Gruppen e.V.
c/o Deutsche Evangelische Allianz
Olgastr. 57A
70182 Stuttgart

Tel.: 0711 – 23 71 95 3-0
Fax: 0711 – 23 71 95 3-53
e-mail: info@ead.de
homepage im internet:
http://www.ead.de

Vereinigung Christlicher Heilpraktiker (VCHP)
Die VCHP wurde 1984 gegründet und hat zur Zeit ca. 60 Mitglieder. Die Hauptaufgabe besteht in der Abgrenzung von esoterischen Einflüssen in der Naturheilkunde und in der Anwendung seelsorgerlich-evangelistischer Aufgaben in der Naturheilpraxis. Die Glaubensgrundlage ist das Bekenntnis der Deutschen Evangelischen Allianz. Für Anfragen stehen wir gerne zur Verfügung:

Vereinigung Christlicher Heilpraktiker
z.H. Herrn Dieter Oesch
An der Drachenwiese 26
63679 Schotten

Tel.: 06044 – 23 25
Fax: 06044 – 21 42
e-mail:
dieter.oesch.VCHP@t-online.de

Christliche Mutter-Kind-Kurhäuser

Gut Holmecke
Holmecker Weg 50   Tel.: 02372 – 98 70
58675 Hemer-Ihmert   Fax: 02372 – 98 74 99

Haus Leuchtfeuer
Viktoriastr. 10   Tel.: 04922 – 91 60
26757 Nordseeheilbad Borkum   Fax: 04922 – 91 62 55

Deutsche Arbeitsgemeinschaft für Jugend- und Eheberatung e.V. (DAJEB)
Die DAJEB gibt in regelmäßigen Abständen einen Beratungsführer mit den Adressen der Beratungsstellen in Deutschland, einer Beschreibung der Leistungen, der Träger und der Anschriften heraus. Es ist das umfassendste Adresswerk im Bereich psychosozialer Hilfen.

Deutsche Arbeitsgemeinschaft für Jugend- und Eheberatung e.V. (DAJEB)
Neumarkter Straße 84c   Tel.: 089 – 4 36 10 91
81673 München   Fax: 089 – 4 31 12 66
     Internet:
     http://members.aol.com/dajeb
     e-mail: dajeb@aol.com

Schweiz

VBG (Vereinigte Bibelgruppen)
Innerhalb dieser interkonfessionellen christlichen Bewegung gibt es eine Arbeitsgruppe »Psychologie und Glaube«. Diese Arbeitsgruppe veröffentlicht eine Adressliste christlicher PsychotherapeutInnen, BeraterInnen, PsychiaterInnen und psychotherapeutisch tätiger ÄrztInnen in der Schweiz, die regelmäßig aktualisiert wird.

Vereinigte Bibelgruppe (VBG) in Schule, Universität, Beruf
Postfach 2169   Tel./Fax: 0041 (0)1 – 36 20 85 5
CH-8033 Zürich   e-mail: vbgbuero@bluewin.ch

Association of Christian Counsellors (ACC/Deutsche Schweiz)
Kontaktadresse für die Schweiz:

Zentralstrasse 9   Tel.: 0041 (0)1 – 930 38 02
CH-8623 Wetzikon   Fax: 0041 (0)1 – 979 10 66

Ansprechpartner: e-mail: caw@swissonline.ch
Philipp Probst, Berater, Sozialarbeiter   Internet: www.caw.ch

Österreich

Verein Isodos
(Christliches Zentrum für Gesundheit und Lebensfragen)
ISODOS baut ein Netzwerk der Christen in den Gesundheits- und Sozial-
berufen in Österreich und Südtirol auf und ist Ansprechpartner für ACC
(Association of Christian Counsellors) Österreich. Außerdem wird z. Zt.
ein christlicher Beratungsführer für Österreich erstellt, der dann auch unter der folgenden Adresse erhältlich sein wird:

ISODOS (Christliches Zentrum für Gesundheit und Lebensfragen)
Eichensiedlung 88 p   e-mail:
A-6233 Kramsach   renate@kramsach.netwing.at
                                       Infos auch unter: www.isodos.at
Kontaktperson: Tel.: 0043 – (0) 5242 – 67 63 9
Renate Regelsberger   e-mail: rr@isodos.at

Wie kommt man in den Beratungsführer und wer entscheidet darüber?

Aufnahmeverfahren und Fachbeirat

Rolf Gersdorf

In der Einführung sprachen wir schon über den *Fachbeirat,* der von Beginn an den Beratungsführer (BF) in seiner Entwicklung begleitet. Dabei achtet der Herausgeber darauf, dass Mitglieder in den FB berufen werden:
- die aus unterschiedlichen christlichen Kontexten und Prägungen kommen, damit eine möglichst große Vielfalt des Leibes Christi zum Ausdruck gebracht wird;
- die fachlich und geistlich kompetent und erfahren sind;
- die möglichst auch eine der unterschiedlichen seelsorglichen Richtungen/Prägungen, die es im christlichen Bereich gibt, vertreten.

Die Aufgabenstellungen und die inhaltliche Gestaltung des Fachbeirates können wie folgt beschrieben werden:
- Festsetzung und Weiterentwicklung der Kriterien für die Aufnahme von Werken/Einrichtungen in den BF.
- Entscheidung über die Aufnahme der einzelnen Antragsteller.
- Regelmäßige Überprüfung, inwieweit die im BF vertretenen Werke und Einrichtungen weiterhin den zugrundeliegenden Kriterien entsprechen.
- Beobachtung der Entwicklungen des BF und Korrektur- und Veränderungsimpulse.
- Im Einzelfall nehmen Fachbeiratsmitglieder zwecks weiterer Klärungen Kontakt mit einzelnen Werken und deren Vertreter auf.

Derzeit besteht der Fachbeirat aus folgenden Mitgliedern:

- *Baar, Bodo,* Diplom-Sozialpädagoge (FH/IGNIS, Kitzingen)
- *Bährle, Kurt,* Diplom-Sozialarbeiter FH, Psychotherapeut (Haus Weizenkorn, Allmannsried)
- *Bausch, Hilde,* Referentin für Ehe- u. Familienfragen (Wörnersberger Anker, Wörnersberg)
- *Gersdorf, Rolf,* Diplom-Sozialarbeiter FH, Familientherapeut, Supervisor DGSv (Leben im Kontext e.V., Dortmund)
- *Giesekus, Ulrich,* Ph.D. (U.S. Intl. Univ.), Klinischer Psychologe, Studienleiter DGBTS (Beratungs- und Therapiezentrum Schwarzwaldpark (BTS), Freudenstadt)
- *Gundlach, Günther,* Geschäftsführer (Christen im Gesundheitswesen, Aumühle)

- *Heinemann, Dr. Claus,* Facharzt für Kinder- und Jugendpsychiatrie und Psychotherapie, Familientherapeut (Werl)
- *Hess, Gottlob,* Evangelischer Pfarrer (Ökumenisches Lebenszentrum Ottmaring/Family Life Mission, Friedberg)
- *Schwester Christiane Wachtel,* Therapeutische Seelsorgerin (Schloß Craheim, Stadtlauringen)
- *Seehuber, Dr. Dietmar,* Chefarzt der Abteilung Sozialpsychiatrie und Suchtmedizin, Klinik Hohe Mark, Oberursel
- *Vorländer, Angelika,* Religions- und Erwachsenenpädagogin (Oikos, Nümbrecht)
- *Wiedenmann, Hans;* Dipl.-Sozialarbeiter FH, Sozialtherapeut, Psychotherapeut (HPG), (CVJM Haus MARANATHA; ACL, Königswinter)

Der Fachbeirat trifft sich regelmäßig zweimal im Jahr und ist beständig miteinander im Kontakt. Zu speziellen Fragestellungen und Planungen bildet er gegebenenfalls Ausschüsse.

Dieser Fachbeirat hat in Zusammenarbeit mit dem Herausgeber ein Aufnahmeverfahren entwickelt, in dem sich jede antragstellende Einrichtung detailliert schriftlich vorstellt und insbesondere ihre fachlichen und geistlichen Grundlagen beschreibt.

Dazu erhält jeder Antragsteller einen Fragebogen, der die Grundlage für die Entscheidung des Fachbeirates ist.

Im Beratungsführer sind sowohl größere Werke als auch kleinere Beratungseinrichtungen aufgeführt, für die jeweils bestimmte Kriterien zur Aufnahme entwickelt wurden.

Werke und Einrichtungen, die der ACL (Arbeitsgemeinschaft Christlicher Lebenshilfen) angehören, sind von diesem Aufnahmeverfahren ausgenommen, da schon innerhalb der ACL entsprechende Aufnahmekriterien gelten.

Kriterien für die Aufnahme von Einzelpersonen und Werken

1. Verbindliche Zugehörigkeit zu einer christlichen Gemeinde oder einem christlichen Werk. *Bei Werken*: Selbstverständnis, als ein Teil des Leibes Christi offen zu sein für Zusammenarbeit.
2. Referenzschreiben der Gemeinde oder des Werkes, zu der/dem der Antragsteller gehört (entfällt bei bekannten Werken).
3. Anerkennung der im BF und im Fragebogen abgedruckten Glaubensaussage *und* Bestätigung per Unterschrift, dass seelsorgerlich gearbeitet wird und der Rat suchende sicher sein kann, Glaubensthemen konkret ansprechen zu können.
4. Abgeschlossene Ausbildung zum beratenden oder therapeutischen Seelsorger bei einer bekannten christlichen Schulungseinrichtung oder eine entsprechende Ausbildung bei einem säkularen Weiterbildungsinstitut. *Bei Werken:* mindestens eine MitarbeiterIn.

5. Fachliche Begleitung durch regelmäßige Supervision, möglichst monatlich.
6. Mitteilungspflicht bei Änderungen.

Als Herausgeber bündeln wir diese Informationen, klären mit den Antragstellern eventuell schon bestimmte Fragen und legen den Antrag dem Fachbeirat zur Entscheidung vor. Kommt dieser zu dem Ergebnis, dass die Kriterien erfüllt sind, wird die Einrichtung in die nächste Ausgabe des BF aufgenommen.

Bei Nichterfüllung der Kriterien oder Unklarheiten bezüglich der uns zugegangenen Informationen erhält der Antragsteller eine schriftliche Ablehnung der Aufnahme oder die Bitte um Klärung offener Fragen.

Der Fachbeirat behält sich im Einzelfall Ausnahmen bei Entscheidungen vor.

Die laufenden Projektkosten werden bei jeder Neuauflage der BF entsprechend über eine Bearbeitungsgebühr abgedeckt, die jede Einrichtung an den Herausgeber entrichtet.

Warum die Unterschrift unter eine Glaubensaussage?

Ziel und Zweck des BF ist es, einen Überblick über christozentrisch arbeitende Dienste im Bereich Seelsorge und Beratung in Deutschland zu vermitteln. Dazu ist es notwendig, dass es einen Grundkonsens bezüglich der Aussagen gibt, über die Einmütigkeit in dem einen Leib Christi besteht.

Uns ist damit auch klar, dass wir in diesem Sinne nicht kontrollieren können oder wollen, wo jemand wirklich steht – letztlich ist jeder, der unterschreibt, vor Gott verantwortlich.

Im Prozess gemeinsamer Entwicklungen werden aber auch in der praktischen Zusammenarbeit Haltungen und Gesinnungen sichtbar und erfahrbar, und wir vertrauen darauf, dass der Geist Gottes selbst ermutigend und, wo notwendig, auch korrigierend leitet.

Es werden in den BF ausschließlich solche Dienste und Personen aufgenommen, die folgende Aussagen durch Unterschrift bestätigen und dadurch eine eindeutige Glaubenshaltung dokumentieren:
- *Grund unseres Glaubens und Dienstes ist das deutliche Bekenntnis zur Dreieinigkeit Gottes als Vater, Sohn und Heiliger Geist, sowie zur persönlichen Beziehung zu unserem gemeinsamen Herrn Jesus Christus, der für uns Mensch wurde, starb und auferstand.*
- *Wir verpflichten uns zu einer offenen und loyalen Haltung gegenüber den anderen Diensten, die unterschiedliche Ansätze, Schwerpunkte oder Erkenntnisse vertreten.*

Eine »offene und loyale Haltung« schließt nicht aus, dass zum Beispiel fachlich kontrovers diskutiert wird. Sie wird sich aber distanzieren von einer Haltung, die Glaubensgeschwister verurteilt, ausschließt und aufgrund von Erkenntnisstückwerk zu Spaltungen im Leib Christi führt.

Der Leib Christi ist ein komplexer Organismus mit einer Vielfalt, die unseren eigenen Horizont häufig übersteigt, und mit einer gleichzeitigen Spannung, die um des Wachstums Gottes willen zugelassen werden will, ja soll.

Erkannt wird dieser Leib und damit insbesondere das Haupt, Jesus Christus, durch die Liebe, die wir als seine Gemeinde praktisch miteinander leben.

Wenn wir uns aber untereinander noch nicht einmal in der Liebe Gottes erkennen und wertschätzen, wie sollen Menschen, die der Gemeinde Gottes fern stehen, erkennen, dass wir Christi Leib sind?

Gerade wir, die wir im Bereich christlicher Seelsorge, Therapie und Beratung tätig sind, haben hier Vorbildfunktion und eine große Verantwortung, da es um Wiederherstellung und Heilung unserer Beziehungsfähigkeit zu Gott, zu Menschen und zu uns selbst geht.

Sind Sie an einer Aufnahme interessiert?

Wenn Sie an einer Aufnahme in den BF interessiert sind, finden Sie im Anhang dieses Buches eine Postkarte, die sie mit der Bitte um Zusendung des Aufnahmefragebogens direkt an den Herausgeber schicken können. Gern können Sie dort auch weitere Fragen ansprechen und weitere Informationen einholen.

Fachbegriffe und Abkürzungen von A–Z

Annette Gnatzy

Therapeutische Schulen

Atemtherapie

Über das Erleben des Atemrhythmus im Einatmen-Ausatmen und der Atempause erfährt der Übende, wo er wohlgespannt, aber auch wo sein Spannungszustand gestört ist. Ziel ist es, Atemfehlfunktionen, Erkrankungen der Atemwege und leibliche sowie seelische Prozesse zu harmonisieren und zu stabilisieren.

Bibliodrama

Bibliodrama meint das szenische Darstellen biblischer Geschichten in der Gruppe. Die Gruppenmitglieder identifizieren sich mit biblischen Personen und kommen über das Nacherleben der Geschichten zu einer vertieften Selbstwahrnehmung.

Christliche Therapie

»Christliche Therapie« ist ein nicht näher definierter Begriff, der von vielen Therapeuten, Seelsorgern und Beratern benutzt wird.

Christliches 12-Schritte-Programm

Das ursprünglich in den USA von den Anonymen Alkoholikern (AA) 1935 entwickelte 12-Schritte-Programm hat auch im deutschsprachigen Raum weite Verbreitung gefunden. In einer neuen Version wurde es speziell für Christen und suchende Menschen mit Lebensproblemen konzipiert. Es handelt sich um ein gruppentherapeutisches Angebot, das ausdrücklich evangelistisch-missionarisch geprägt ist.

Entspannungstherapie/Entspannungstraining

In der Praxis werden Entspannungstherapiemethoden meist im Rahmen eines umfassenden Behandlungsplanes eingesetzt.

Die Progressive (= fortschreitende) Muskelentspannung nach *Jacobson* ist das verbreitetste Entspannungsverfahren. Mit dieser Methode lernt der Ratsuchende stufenweise eine immer besser werdende willkürliche Kontrolle über Spannung und Entspannung bestimmter Muskeln. Einzelne Muskelpartien (Arme, Kopf, Oberkörper, Rumpf, Beine) werden nacheinander kurzzeitig angespannt und dann gelockert.

Entspannungsverfahren führen zu einer Verbesserung der allgemeinen

Befindlichkeit. Die Progressive Muskelentspannung hat nachgewiesene Wirkung bei: Ängsten, Spannungsgefühlen und körperlichen Beschwerden (z.B. Schmerzen).

Ergotherapie

Ergotherapie ist ein ärztlich verordnetes Heilverfahren bei der stationären und ambulanten Versorgung von Kindern (mit Wahrnehmungsstörungen, Entwicklungsverzögerungen, Behinderungen) und von Erwachsenen (mit psychischen oder motorisch-funktionellen Erkrankungen). Ziele der Ergotherapie sind die Wiedergewinnung von Selbstständigkeit und Lebensqualität zur eigenverantwortlichen Bewältigung des Alltags.

Eutonie:
(griechisch = gute Spannung)

Ziel der Eutonie ist es, eine Wohlspannung zu erreichen, um momentanen Anforderungen gerecht zu werden. Sowohl zum Schlafen, aber auch um ein großes Arbeitspensum zu bewältigen, ist Wohlspannung notwendig.

Bambusstäbe oder Bälle helfen, bestimmte Körperregionen besser wahrzunehmen und erleichtern eine gezielte Konzentration.

Nach den Übungen werden Erfahrungen und Beobachtungen ausgetauscht.

Gesprächspsychotherapie
Synonyme: Klientenzentrierte Psychotherapie, nichtdirektive Psychotherapie

Im Zentrum dieser von *Carl Rogers (1902-1987)* in den 50er Jahren entwickelten Therapieform stehen
- das einfühlende Verstehen des Therapeuten,
- die bedingungslose Akzeptanz des Ratsuchenden durch den Therapeuten,
- die Echtheit des Therapeuten.

Nach Rogers schaffen diese Elemente für den Hilfe suchenden Menschen eine günstige Atmosphäre und aktivieren den Therapieprozess, in dessen Verlauf der Ratsuchende seine Gefühle wahrnimmt, sich selbst akzeptiert und beginnt, sein Leben kreativ zu meistern.

Familientherapie

Ausgangspunkt der familientherapeutischen Arbeit ist der Gedanke, dass das problematische Verhalten eines Familienmitgliedes (»Indexpatient«) gleichzeitig Ursache und Folge fehlerhafter Verhaltensmuster innerhalb des Systems »Familie« (s.a. systemische Therapien) ist. Die Familienmitglieder beeinflussen sich wechselseitig in ihrem Verhalten. Ziel der Familientherapie ist es, den Umgang miteinander und die Beziehungen untereinander so zu verändern, dass sich jedes Familienmitglied weiter entwickeln kann und die Familie wieder funktionsfähig wird. Aufgabe des Therapeuten ist es, Fehlverhalten zu erkennen, neues Verhalten in Gang zu setzen und so die Selbsthilfekräfte der Familie zu mobilisieren, damit kommende Probleme eigenständig gelöst werden können.

Pioniere der Familientherapie sind Virginia Satir, Salvador Minuchin, Jae Haley und Mara Selvini Palazzoli.

Gestalttherapie

Ziel dieser Psychotherapiemethode von *Fritz Perls (1893-1970)* ist es, unerwünschte Gefühle bewusst zu machen und mit Hilfe eines neuen emotionalen Bezugsrahmens zu bewerten. Dazu werden Problemsituationen vergegenwärtigt und durch Rollen- oder Perspektivenwechsel bearbeitet. Bei der Auseinandersetzung mit den Problemen liegt die Betonung auf dem Hier und Jetzt.

Göttinger Modell

Die Psychotherapie orientiert am Göttinger Modell ist ein psychoanalytisches Verfahren, mit dem Schwerpunkt auf der Interaktion zwischen Therapeut und Klient. In der Interaktion entfaltet der Klient seine Problematik. Die Antwort des Therapeuten soll dem Klienten helfen, diese Antwort als neuen Aspekt in sein inneres Bild von sich und anderen zu integrieren.

Die Therapie nach dem Göttinger Modell wird vorwiegend als Gruppentherapie angeboten.

Individualtherapie

In der Individualtherapie geht es darum, unbewusste Ziele aufzudecken. In diesem Zusammenhang sollen Minderwertigkeitsgefühle abgebaut und Vertrauen und Kompetenzgefühle aufgebaut werden. Es soll ein neuer Lebensstil entwickelt werden.

Die Individualtherapie gründet sich auf die Individualpsychologie *Alfred Adlers (1870-1937)*.

Logotherapie

Ziel dieser von *Viktor Frankl (1905-1997)* in den 50er Jahren entwickelten Therapie ist das Auffinden von Sinnmöglichkeiten in bestimmten Lebenssituationen. Die kennzeichnende Haltung des Logotherapeuten ist eine wertschätzende Haltung (s.a. Gesprächspsychotherapie) dem Ratsuchenden gegenüber. Es wird davon ausgegangen, dass jeder Mensch die Freiheit hat, selber Entscheidungen zu treffen und Verantwortung zu übernehmen. Aufgabe des Therapeuten ist es, Gefühle aufzudecken und bei der Suche nach dem Lebenssinn behilflich zu sein.

Körperorientierte Therapie

In der Körperorientierten Therapie wird in erster Linie nicht über die Probleme und damit verbundenen Gefühle gesprochen, sondern es geht darum, durch Atem- oder Körperübungen das Körpererleben, die Sensibilität, die Ausdrucksfähigkeit und die Entspannungsfähigkeit zu fördern. Die dabei erlebten Gefühle werden im anschließenden Gespräch aufgearbeitet.

Kognitive Therapie/Seelsorge

Die Kognitive Therapie geht davon aus, dass kognitive Prozesse (Gedanken, Meinungen, Überzeugungen) das Erleben und Verhalten des Menschen beeinflussen.

Ziel in der kognitiven Therapie ist es, gestörte Kognitionen zu verändern und so zu einem veränderten Erleben und Verhalten zu kommen.

Bereits Paulus erkannte die Wichtigkeit der Kognitionen und fordert im Römerbrief (Kapitel 12 Vers 2) auf: »Ändert euch, durch Erneuerung eures Sinnes.«

Musiktherapie

Bei der Musiktherapie handelt es sich um ein therapeutisches Verfahren, bei dem die vielen Einsatzmöglichkeiten von Musik angewendet werden. Die Musik bietet die Möglichkeit non-verbaler Ausdrucksformen. Man unterscheidet zwischen aktiver und rezeptiver (= aufnehmen, empfangen) Musiktherapie. In der aktiven Musiktherapie ist der Ratsuchende durch Singen oder Spielen von Musikinstrumenten (z.B. Trommeln, Tambourin, Rasseln) in den Therapieprozess einbezogen. Bei der rezeptiven Musiktherapie hört sich der Klient die Musik an. Ziel hierbei ist es, emotional stimulierende Prozesse auszulösen.

Psychoanalytisch orientierte Psychotherapie

Im Vordergrund der Psychoanalytischen Therapie stehen unbewusste Konflikte, die seit der Kindheit verdrängt wurden. Nur nach Aufhebung der Verdrängung ist der Ratsuchende in der Lage, sich dem eigentlichen Problem zu stellen und es im Zusammenhang seines Erwachsenenlebens neu zu bewerten.

Psychodrama

Ziel der psychodramatischen Methode nach *Jakob Moreno (1889–1974)* ist es, innere und äußere Erlebnisse in der Gruppe szenisch darzustellen. Dadurch werden Konflikte und Probleme anschaubar und einfühlbar.

Rational Emotive Therapie

Ausgangspunkt der von *Albert Ellis (geb. 1913)* in den 50er Jahren entwickelten Rational Emotiven Therapie (RET) ist der Gedanke, dass Probleme und Störungen nicht primär das Resultat bestimmter äußerer Umstände sind, sondern auf einer verzerrten irrationalen Sichtweise dieser Umstände beruhen. Folgende Ziele werden angestrebt: unangemessene Überzeugungen aufdecken, neue Bewertungen entwickeln und diese auf die problematische Situation anwenden.

Sozialtherapie

In der Sozialtherapie geht es um die Beratung und Therapie Suchtkranker in Beratungsstellen und im stationären Bereich. Die Sozialtherapie kann psychoanalytisch oder verhaltenstherapeutisch orientiert sein.

Spieltherapie

Das Spiel dient dazu, eine vertrauensvolle Beziehung zwischen Therapeut und Kind herzustellen. Ziel der Spieltherapie ist es, dem Kind zu helfen, innere Konflikte und Bedürfnisse auszudrücken.

Systemische Therapien

Unter den systemischen Therapien wird eine Gruppe von Methoden verstanden, die das Individuum und sein Umfeld als ein Gebilde (= System) verstehen.

Es geht darum, systemverändernde Maßnahmen zu ergreifen, denn die Störung des Ratsuchenden wird als Funktion des Systems begriffen (z.B. führt das Suchtverhalten eines Familienmitgliedes in der Regel zu einem hohen Zusammenhalt innerhalb der Familie).

Im Sinne der Methodenpluralität (s. auch dort) spricht man je nach therapeutischem Schwerpunkt von analytisch-systemischer Familien- oder Paartherapie (s.a. pychoanalytisch orientierte Psychotherapie).

Tanztherapie

In der Tanztherapie greift der Therapeut Bewegungen und Signale des Körpers auf und kommt mit Hilfe dieser Bewegungen mit dem Klienten in einen Dialog über dessen Gefühle. Ziel der Tanztherapie ist es, durch die Körpersprache Denken und Fühlen des Ratsuchenden sichtbar zu machen.

Tiefenpsychologie (s. unter Psychoanalytisch orientierte Psychotherapie)

Transaktionsanalyse

Die Transaktionsanalyse nach ihrem Begründer *Eric Berne (1910–1970)* basiert auf einer Persönlichkeitstheorie, die von drei Ich-Zuständen ausgeht:

- Erwachsenen-Ich-Zustand: Der Ratsuchende reagiert entsprechend der ihm als Erwachsenen zur Verfügung stehenden Möglichkeiten.
- Eltern-Ich-Zustand: Der Ratsuchende übernimmt die Gedanken, Gefühle und Verhaltensweisen seiner Eltern.
- Kind-Ich-Zustand: Der Ratsuchende verhält sich wie ein Kind.

In der Transaktionsanalyse werden diese Zustände und die damit verbundenen Gefühle aufgedeckt und der Ratsuchende in einen eigenverantwortlichen Veränderungsprozess hineingeführt. Zusätzlich benutzt die Transaktionsanalyse Techniken aus anderen Therapieschulen (z.b. Psychoanalyse, Psychodrama, Gestalttherapie).

Traumatherapie

Das Trauma ist ein plötzlich und schockartig, kurz oder länger dauerndes Einzelereignis bzw. eine Reihe von stark belastenden Erlebnissen, bei denen die normalen Anpassungsstrategien versagen und es zu einer Störung des seelischen Gleichgewichts kommt.

Die Traumatherapie vollzieht sich in mehreren Phasen: In der ersten Phase soll die Kontrolle über den eigenen Körper wiederhergestellt werden. In der zweiten Phase geht es um Erinnern und Betrauern der traumatischen Ereignisse, damit ihre Integration in die Lebensgeschichte möglich wird. Aufgabe der dritten Phase ist es, die Verbindung zum alltäglichen Leben wiederherzustellen und Zukunftsperspektiven aufzubauen.

Themenzentrierte Interaktion (TZI)

Themenzentrierte Interaktion *(nach Ruth Cohn, geb. 1912)* ist ein gruppentherapeutisches Verfahren. Ruth Cohn geht davon aus, dass jede Gruppe durch vier Aspekte bestimmt wird:
1. Das Individuum (ich)
2. Die Gruppeninteraktion (wir)
3. Das Gruppenthema (es)
4. Das Umfeld

Die TZI-Gruppenarbeit hat das Ziel, ein Gleichgewicht zwischen den Ich-Wir-Es-Faktoren herzustellen. Um dieses Gleichgewicht herzustellen, gilt der Grundsatz:»Störungen haben Vorrang«. Damit ist gemeint, dass Seitengespräche oder Unwohlsein eines Mitglieds die Aufmerksamkeit der Teilnehmer am Gruppengeschehen verhindern und daher aufgegriffen werden müssen.

Verhaltenstherapie

In der Verhaltenstherapie wird davon ausgegangen, dass das problematische Verhalten gelernt ist. In der Therapie werden die auslösenden und aufrechterhaltenden Bedingungen des Problemverhaltens und dessen Konsequenzen ermittelt. Ziel der Verhaltenstherapie ist es, das Verhaltensrepertoire des Ratsuchenden zu erweitern und neues Verhalten einzuüben.

Glossar

Anthropologie

Die Anthropologie ist die Wissenschaft vom Menschen unter dem Gesichtspunkt der Naturwissenschaft (Biologie) und der Geisteswissenschaft (Theologie, Philosophie, Pädagogik).

Befreiungsgebet

Das »Gebet um Befreiung« ist eine Bitte an Gott um wirksame Hilfe gegen tiefsitzende Bindungen und Abhängigkeiten, aber auch gegen Angriffe widergöttlicher Kräfte (siehe auch Epheser 6 Vers 12).

Burnout
(engl. für ausgebrannt)

Zeitlich überdauernde Belastungssituationen und hohe eigene oder fremde Leistungserwartungen können zum Burnout-Syndrom führen. Es äußert sich in Erschöpfungszuständen, Motivationslähmung bis hin zum Verlust der Selbststeuerung. Burnout kann persönliche Krisen auslösen und zur Vernachlässigung oder Misshandlung der anvertrauten Personen führen. Menschen in helfenden Berufen (z.B. Krankenschwestern, Seelsorger, Lehrer), aber auch Mütter mit kleinen Kindern sind häufig vom Burnout-Syndrom betroffen.

Diagnose, Diagnostik (psychologische)

Durch die Ermittlung der Krankheitsvorgeschichte (Anamnese) und ggf. testpsychologischer Untersuchung (s.a. Persönlichkeitstests) wird der psychische Zustand des Ratsuchenden festgestellt. Auf Basis der Diagnose wird ein angemessenes therapeutisches Vorgehen festgelegt.

Exerzitien

Exerzitien sind geistliche Übungen nach dem Vorbild des Ignatius von Loyola.

Im Mittelpunkt steht die Rückbesinnung auf das eigene Leben, die Betrachtung (Kontemplation) des Lebens Jesu und die Entscheidung für Jesus Christus.

Gruppendynamik

Der Begriff Gruppendynamik umfasst alle in einer Gruppe auftretenden Normen, Interaktionen und sozialen Verhaltensweisen mit ihrem Einfluss auf Einzelne und auf die Gruppe als Ganzes. Darüber hinaus ist Gruppendynamik ein Sammelbegriff für eine Reihe von Methoden und Techniken, die zu einer verbesserten Selbst- und Fremdwahrnehmung, zu erhöhter Kommunikations- und Kooperationsfähigkeit, Verständnis für soziale Prozesse usw. verhelfen sollen.

Innere Heilung

Heilung seelischer Verletzungen (z.B. Enttäuschung, Bitterkeit) durch Gebet.

Intervisionsgruppe

Eine Gruppe von Seelsorgern/Therapeuten trifft sich regelmäßig zum Austausch über Erfahrungen in Therapiegesprächen.

Klinische Psychologie

Die Psychologie ist die Wissenschaft vom bewussten und nichtbewussten Erleben und Verhalten des Menschen. Innerhalb der Psychologie ist die Klinische Psychologie jener Bereich, der sich mit dem Erkennen (Diagnose), der Behandlung (Therapie) und der Vorbeugung (Prophylaxe) gestörten psychischen Erlebens beschäftigt.

Klinische Seelsorge Ausbildung (KSA)

Im Vordergrund der KSA steht das Interesse, Theorie und Praxis in der Seelsorgeausbildung aufeinander zu beziehen. Am Anfang der KSA steht daher nicht die akademische Wissensvermittlung, sondern der Umgang des Seelsorgers mit den Patienten (z.B. in Krankenhäusern, Beratungsstellen und Gefängnissen).

Krisenintervention

Krisenintervention meint die akute therapeutische Hilfe in Situationen, die durch gewohnte Stressbewältigungsmechanismen nicht mehr bewältigt werden können.

Lebensstilanalyse

Mit Hilfe der Lebensstilanalyse wird vor dem Hintergrund der Tiefenpsychologie (s. auch dort) Einblick in die Persönlichkeitsentwicklung der frühen Kindheit genommen. Es wird davon ausgegangen, dass die in der frühen Kindheit geprägten Überzeugungen den Lebensstil im Hinblick auf das Lebensziel beeinflussen.

Mediation

Mediation ist ein Verfahren, um zwischenmenschliche Konflikte mit Hilfe eines speziell geschulten Vermittlers gemeinsam dauerhaft zu lösen.

Mediation hat sich besonders in Trennungs- und Scheidungssituationen bewährt.

Methodenpluralität

Die vielen therapeutischen Schulen erfassen immer nur Teilaspekte des menschlichen Leidens. Daraus ergibt sich die Tendenz, den Ratsuchenden und seine Probleme aus einer einseitigen Perspektive zu sehen. Darüber hinaus hängt die Angemessenheit einer bestimmten Therapieform von der aktuellen Situation des Ratsuchenden ab.

Methodenpluralität meint daher die Fähigkeit des Therapeuten, in der speziellen Situation des Ratsuchenden angemessen therapeutisch zu handeln. Der Therapeut muss also in vielen verschiedenen therapeutischen Schulen »zu Hause« sein, um die richtige Methode auszuwählen.

Mobbing

(engl.: to mob = herfallen über)

Beim Mobbing solidarisieren sich mehrere Arbeitskollegen, um aktiven (z.B. durch verleumdendes, negatives Reden) oder passiven (z.B. durch Nicht-Beachten) Widerstand gegen eine bestimmte Person auszuüben.

Neurose

Neurose ist ein Sammelbegriff für psychische Störungen. Die theoretische Position der Autoren bestimmt, welche Störungen sich unter diesem Begriff zusammenfassen lassen.

Die Psychoanalyse interpretiert Neurose als einen unbewussten Widerstand, die neurotischen Symptome gelten als Äußerungen unbewusster Konflikte. Bei verhaltenstherapeutisch orientierten Autoren werden die neurotischen Symptome als gelerntes Fehlverhalten betrachtet. Beide theoretische Richtungen gehen jedoch davon aus, dass Neurosen das Ergebnis nicht bewältigter grundlegender Lebensaufgaben sind.

Aus der Fülle von Neuroseformen seien an dieser Stelle beispielhaft einige Neurosen aufgeführt: Angststörung (früher: Angstneurose), Panikstörung, Zwangsstörung (früher: Zwangsneurose).

Neurosen werden von den Betroffenen als quälend und nicht zur eigenen Person gehörig (ich-dyston) wahrgenommen. Bei den meisten Neuroseformen lässt sich keine organische Ursache nachweisen.

Persönlichkeitstest

Persönlichkeitstests helfen, bestimmte Persönlichkeitseigenschaften (z.B. Introversion, Extraversion) empirisch zu erfassen.

Psychose

Psychose ist ein Oberbegriff für unterschiedliche organische und psychische Erkrankungen. Man unterscheidet zwischen organisch bedingten Psychosen und affektiven Psychosen.

Folgende Symptome können eine Psychose charakterisieren: Wahnvorstellungen, Rückzug in die eigene Welt, Denkstörungen, Auseinanderklaffen von Gefühlen, Gedanken und Ausdruck; nicht mehr nachvollziehbare Handlungen. Keines dieser Symptome für sich genommen berechtigt jedoch, eine Psychose zu diagnostizieren.

Psychotherapie

In der Psychotherapie werden psychologische Erkenntnisse so eingesetzt, dass Menschen mit psychischen Störungen geholfen werden kann.

Man unterscheidet verschiedene Psychotherapien, je nach ihrem theoretischen Konzept und ihrer praktischen Durchführung. Die derzeit über 700 verschiedenen therapeutischen Schulen lassen sich i.d.R. drei großen Hauptrichtungen zuordnen: der Psychoanalyse, der Verhaltenstherapie oder der Gesprächspsychotherapie.

Psychosomatik, psychosomatische Beschwerden

Es geht bei der Psychosomatik um körperliche Symptome (griech.: soma = Körper), die in einem Zusammenhang mit psychischen Faktoren stehen. In der Regel gibt es für psychosomatische Symptome keine organischen Ursachen. Psychosomatische Beschwerden äußern sich z.B. als Neurodermitis (chronisches Hautleiden), Reizblase oder als Störung der Sexualfunktion (Frigidität oder Impotenz).

Seelsorge

Zu den klassischen Formen der Seelsorge gehören Trösten und Zuspruch von Gottes Wort, Ermahnen und Zurechtweisen, Lösen und Binden (Beichte), Gebet, Klage und Klärung der Beziehung zu Gott.

Ziel der Seelsorge ist es, Menschen zu Jesus Christus zu führen und von dieser Begegnung ausgehend das Leben in Freiheit zu ordnen und zu gestalten.

Sozialpädagogisches Handeln

Sozialpädagogisches Handeln umfasst Beratungsgespräche, aber auch Trainingsmaßnahmen zur Erweiterung lebenspraktischer Kompetenzen der Ratsuchenden. Darüber hinaus kann es auch um Unterstützung bei Behördenangelegenheiten u.ä. gehen.

Supervision
(siehe Seite 41)

Therapeutische Seelsorge

Unter Therapeutischer Seelsorge versteht man die Integration klassischer Seelsorgeformen (s.a. Seelsorge) und psychotherapeutischer Methoden (s.a. Psychotherapie), sofern ihre Wirkung auf Schöpfungsgesetzen beruhen und deshalb von einem philosophischen oder ideologischen Überbau (s.a. Anthropologie) abtrennbar sind.

Literatur:

Dieterich, M; Dieterich, J. (Hrsg.), *Wörterbuch Psychologie und Seelsorge*, R. Brockhaus Verlag, Wuppertal 1996

Dorsch, Friedrich, *Psychologisches Wörterbuch,* Huber Verlag, Stuttgart 1987[11]

Grawe, Klaus; Donati, Ruth; Bernauer, Friederike, *Psychotherapie im Wandel,* Hogrefe Verlag, Göttingen 1994

Seifert, Theodor; Waiblinger, Angela (Hrsg.), *Die 50 wichtigsten Methoden der Psychotherapie, Selbsterfahrung und des geistigen Trainings,* Kreuz Verlag, Stuttgart 1993

Abkürzungen im Beratungsführer (BF)

AÄGP
Allgemeine Ärztliche Gesellschaft für Psychotherapie

ABM
Arbeitsbeschaffungsmaßname

ACC
Association of Christian Counsellors/Dachverband christlicher Berater-Innen in England

ACL
Arbeitsgemeinschaft Christlicher Lebenshilfen

ACM
Arbeitsgemeinschaft Christlicher Mediziner

APF
Arbeitsgemeinschaft für psychoanalytisch-systemische Therapie und Forschung

AWW
Advent Wohlfahrtswerk

BDP
Bund Deutscher Psychologen

BFeG/FeG
Bund Freier evangelischer Gemeinden

BFP
Bund Freier Pfingstgemeinden

BSFP
Bundesverband der Sozialwerke Freikirchlicher Pfingstgemeinden

BSHG
Bundessozialhilfegesetz

CVJM
Christlicher Verein Junger Menschen

DAJEB
Deutsche Arbeitsgemeinschaft für Jugend- und Eheberatung

DGBTS/BTS
Deutsche Gesellschaft für Biblisch-Therapeutische Seelsorge

DGFP
Deutsche Gesellschaft für Psychotherapie

DGSv
Deutsche Gesellschaft für Supervision

DGVT
Deutsche Gesellschaft für Verhaltenstherapie

DP
Der Paritätische Wohlfahrtsverband

DW
Diakonisches Werk

EC
Entschiedene Christen

EFG
Evangelisch-Freikirchliche Gemeinde (Baptisten/Brüdergemeinden)

EKD
Evangelische Kirche in Deutschland

EKfEuL
Evangelische Konferenz für Ehe und Lebensberatung

EZI
Evangelisches Zentralinstitut für Familienberatung Berlin

FH
Fachhochschule

FVDP
Freier Verband Deutscher Psychologen

HPG
Heilpraktikergesetz

IACP
International Academy for Christian Psychology

ITS
Institut für Therapeutische Seelsorge

JVA
Justizvollzugsanstalt

KdöR
Körperschaft des öffentlichen Rechts

OJC
Offensive Junger Christen

RET
Rational Emotive Therapie

RL
Redeemed Life

SSK
Seelsorgeschulung Karlsruhe

TA
Transaktionsanalyse

TCLG
Treffen Christlicher Lebensrechtgruppen

TZI
Themenzentrierte Interaktion

VCHP
Verband Christlicher Heilpraktiker

ZDL
Zivildienstleistende

Antwortcoupon: Bitte ausschneiden und im Brief verschicken!

Leben im Kontext e.V.
Beratungsstelle f. Familien-,
Ehe- und Lebensberatung

Elisabethstr. 16

44139 Dortmund

Absender:

(Straße/Haus-Nr./PF)

(Postleitzahl/Ort)

(Tel.-Nr.)

Antwortcoupon

○ Wir sind als Werk an einer Aufnahme in den Beratungsführer interessiert und bitten Sie um Zusendung des Aufnahmefragebogens.

○ Ich möchte gern nähere Informationen zur Arbeit von *Leben im Kontext.*